ピーター・フランクルの
頭の良くなる英語

ピーター・フランクル［著］

三省堂

装画	内山洋見
装丁	三省堂デザイン室
本文イラスト	高野真由美
本文デザイン	尾形 悟

はじめに

　よもや日本人向けの英語の教科書を作ることになるとは。日本語も英語も外国語として取得した僕は、そんなことを夢にも思わなかった。その切っ掛けを作ったのは日本の文部科学省である。2002年から実施される教育課程では英語教育は小学校3年から始まると同時に、中学校で教えられる英単語の数は大幅に減ることになった。子供の過剰な負担を軽減しようというのが狙いだそうだ。

　このニュースを読んだ時、泣きたくなるほど悲しくなった。以前、国語と算数の密度が減ると聞いたときにも遺憾に思っていたが、「まさか、英語も」という感じだった。これだけの日本人が、老若男女を問わず英語習得にいそしんでいる昨今である。彼らを励まして応援することこそ、文部科学省の最大の任務ではないか。

　一方、戦前の反ユダヤ主義、戦時中の強制収容所、戦後のスターリン主義、全てを絶えず笑顔で乗り越えた父譲りの、前向きな姿勢を持っている僕。こんな状況ではどうすれば良いのかと必死に考えた。そして正に日本の諺通り、「禍転じて福となす」と言えるべき対策を思いついたのだ。それをまとめたのが本書だ。英語を通して頭を良くしよう、ということが狙いなのだ。しかもこれは義務教育の対象である学生だけではなく、英語が使えるようになりたい日本人誰にでも役に立つ、前代未聞の英語勉強法である。その要点を紹介しよう。

日本の学校教育は内外から暗記中心と言われてきた。英語の場合も例外ではなく、複雑な文法と多くの難しい英単語と熟語を覚えさせるやり方だ。日本の受験生が学んできた英単語で、平均的英米人が使いこなせないものも多い。実際、英語の学習が始まる前に、学生の大半は期待に胸をふくらませている。しかし、1、2年も経つと嫌いになってしまうことが多い。その原因は暗記中心のやり方にあると、僕は思う。

　英語の書物をたくさん読んで、数え切れないほどの英単語を覚えて、絶えず英語習得のために努力する人達にとってはこれで良いだろう。しかし500語程度の英単語しか知らないで、他にも仕事があり、長期留学に行く暇が無い人には、無闇に暗記するよりも、これから紹介するような、頭を使った理系的やり方の方がずっと向いているはずだ。

　知っている単語の数が少ないからと嘆いたり、長時間かけて難しい単語を覚えたりするのではなく、頭を使う。知っている単語を巧く並べたり、組み合わせたりする。

英語を殆（ほとん）ど知らないと自覚する人は多い。しかしカタカナ語が氾濫する今日、（大人の）日本人なら誰でも潜在的に知っている英単語は驚くほど多い。ただし、これらの単語を知っている本人は英単語として意識せず、脳の中で他の日本語の語彙（ごい）と同じ場所に保存されてしまっている。だから英語を使おうと思った時、すぐにアクセスできないのだ。この本を通して脳の整理整頓をして、アクセスし易い英語ファイルやフォルダーを作っていただきたい。

　6ページの表1と表2にはそれぞれ30個の英単語がある。表1の場合ABC順に、表2の場合はなんとなく並んでいる。両表の単語は同じだけれど、ある単語、例えば、HIT（ヒット）がそのリストに載っているかどうかを確かめたいとしよう。表2の場合は、何の規則性もなさそうなので、30個の単語を一々読んで、HITがあるか否かを確かめなければならない。

　一方、表1の場合はABC順を巧く利用して、先ず真ん中の、15番目の単語KITを読む。これは（ABC順で）HITの後だからリストの後半（15番目から30番目まで）にはHITが絶対無いと分かる。次に7番目のDOGを読む。これはHITより先なので、1番目から7番目の間にはHITがない。次は（7と15の中間）11番目のHAT、次は（残りの12、13、14の真ん中の）13番目のICE、と最後に12番目のHOTを調べてHITがリストに載っていないことを確かめることができた。このために読んだ単語の数は30個ではなく、KIT, DOG, HAT, ICE, HOTの5個だけだった。

	[表1]	[表2]
1	ACE	ICE
2	ALL	OUT
3	BED	EVE
4	BYE	WAY
5	CAP	ACE
6	CUT	OIL
7	DOG	ALL
8	EVE	CUT
9	FIT	GUM
10	GUM	KIT
11	HAT	CAP
12	HOT	SUN
13	ICE	JAM
14	JAM	TEA
15	KIT	DOG
16	LAP	TOP
17	MAT	NET
18	NET	BYE
19	OIL	PIE
20	ONE	HAT
21	OUT	VAN
22	PET	FIT
23	PIE	BED
24	POT	PET
25	RUM	HOT
26	SUN	POT
27	TEA	MAT
28	TOP	LAP
29	VAN	RUM
30	WAY	ONE

「HITは載っているはずだ」と言う友達に反論する場合には、両表の優劣が更にはっきりしてくる。

表1の場合、「11番目のHATはHITより先、次のHOTはHITより後だ。HITが載っていれば、この二つの間にあるはず。だからないよ！」と二つの単語だけを指して友達を説得できる。しかし表2の場合は30個の単語すべてを二人で確かめていかないと、相手は納得しないだろう。

この例を通して、皆さんも脳の中を整理しておけば英語知識がもっと使い易くなると信じてくれるだろう。ちなみに表2の順番は、単語のカタカナ読みを五十音順に並べたものである。

敗戦直後の日本の都市では食べ物が不足していた。皆押し入れ、箪笥（たんす）などから衣類などを持ち出して、闇市で食べ物と交換してしのいだ。これはいわゆる箪笥貯金である。これにちなんで、読者の皆さんが知っているカタカナ言葉を単語貯金と呼ぼう。この単語貯金を巧く利用すれば、新たに単語を丸暗記しなくても、英語が上達するのだ。

単語を覚える時は、短い単語は短い程正確に覚えやすい。そこで3文字英単語に特に注目しておきたい。USA, UNO（国連）などの略語を除いた700語余りの現代英語で使われている英単語から、日本人にも馴染みのある英単語を優先して、250語を精選した。これらをミニ英和辞典にアレンジして付録として載せたので一度目を通してほしい。皆さんいかに英語知識が豊富かということが確認できるだろう。(210ページ参照)

この250個の英単語を結ぶゲームをやりながら、これらの単語の様々な使い道を覚えていく。小さな英和辞典にも10,000個以上の英単語が載っていることを考えると、250個は極めて少ないと思われる。しかしこの本を読むと、これだけの単語（と基本動詞）を用いていかにたくさんの事柄を表現できるのか、実感できるはずだ。本書のこの部分だけをしっかりやれば、英語力がかなりアップするだろう。

　結び方のルールを説明するのに一例としてMAT（マット）とBED（ベッド）を結ぼう：
　MAT － MET － BET － BED（か MAT － BAT － BAD － BED）。

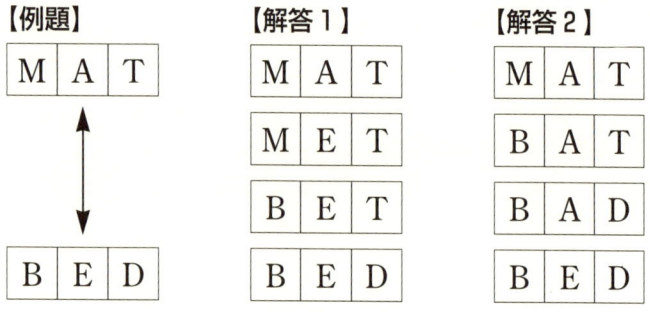

　ご覧の通り、最初の単語（MAT）の文字を一つずつ変えて、先ずMEET（会う）の過去形であるMET、そしてBET（賭ける）を経て、最後にBETのTをDに替えてBEDを作る。
　大切なのは、途中で出てくる英単語の全てが250個の基本的英単語のリストに含まれているということだ。も

う一つの正解の場合も、BAT（野球などのバット）と BAD（悪い）もそのリストに入っている。純数学的に考えればMAT－MET－MED－BEDも正解だが、MEDは英単語ではないので、これではダメだ。

　このゲームの効果は二重にある。一つには、両方の単語を結ぼうとする過程で、「こんな英単語があったっけ」「このつづりで大丈夫か」など自問自答しながら、たくさんの英単語を思い起こしたり、英単語ファイルにそのコピーを写したりすることだ。まさに単語貯金を活かす作業だ。しかも全ては遊び感覚で、楽しい。
　もう一つは、「ピーターからの一言」という解説と余談を読みながら、単語の別の意味や面白い使い方も学んでしまうことだ。人間の頭はコンピュータと違って、英単語や言い回しをひとつずつインプットしてもまたすぐに忘れてしまう場合が多い。しかし筋が通った、論理的な綱でつながったものなら違う。一部を覚えれば、それを頼りに残りも脳の奥から引っ張り出せる。効率的に記憶する方法は、脳の中に既にあるもの（単語、言い回し）にくっつけることだ。
　例えば、HIGH（高い）を知っている人にとってその反意語LOW（低い）や類似語のTALL（地から測って高い）は覚え易い。これらの単語をHIGHにくっつけるので、それからLOWを見ても、TALLを聞いても、たとえ直接に分からなくても、頭のなかにHIGHが浮かんできて、結局理解できる。

　四、五十歳の大人には、ゲームをやるよりも真面目に

勉強すべきだと思っている人も多いと思われる。こう考えている人達にこそ、この本に載っている様々なゲームをやりながら、四角四面の頭をもっと柔らかくしてもらいたい。そうしないとかなり高度の英語知識をもっていてもなかなか話せるようにならないのだ。

　東大、早稲田、慶応などの一流大学で数学を教えた経験を通して説明させてほしい。大体の教授達の頭は固くて、大学生はゲームをやったり問題を解いたりするべきではなく、難しい理論を勉強すべきだと考えているらしい。将来的にその教授の研究を発展させることができる、非常に優秀な学生にとってはそれで良いだろう。一方、大多数の学生は卒業後に普通に就職する。彼らのことを考えたい。僕は各大学で、初等的でありながら先端数学とつながりがある問題を皆に解いてもらってから、その奥に隠れている数学を紹介する形の問題ゼミナールを何回も行ったことがある。そしていかに学生の問題解決能力が低いかにびっくりした。大学に入った頃に初等的な問題ならかなり解けるはずだった彼らは、理論ばかりの

授業を受けて、問題解決能力が著しく低下してしまったのだろう。他に説明がつかない。

　これらの学生は社会に出て、大学で学んだ高等数学の理論を活かすところがないのは言うまでもない。また入学当時に持っていた問題解決能力まで失ってしまったとすれば、大学に通ったことはマイナスになったと言っても過言ではない。だから僕は数学の根本である、問題解決能力を維持させる授業を試みている。例えば、ゲームや手品を使った問題を出してみる。必勝法やタネ明かしを通して、無関心ふうだった学生達の表情がみるみる明るくなっていくのを見ると、教えている僕もうれしくなってくる。

　この本のゲームも同じように考えて欲しい。他の、「真面目な」勉強をするのも悪くない。けれどもそればかりするより、遊び感覚で問題を解いたり、ゲームを考えたりした方がずっと効果的である。しかも、この作業を通して英語力だけではなく思考能力までアップするのだ。まさに頭の良くなる英語習得法である。

　上で説明した3文字英単語でやるゲーム（3-CONNECT）以外にも、色々な面白くて英語力と思考能力を同時に刺激するゲームや問題を紹介する。詳しい説明はその都度するが、これらのゲームの共通点だけをここで言っておく。長くて難しい英単語は一切使わない。各ゲームは独りで（例えば通勤電車の中）でもできるが、友達と競争しながらでも、家族と和気藹々しながらでもできる。親子の会話が少ないと言われている現在、是非とも家族全員で英語熱を共有し、この本を通して、家族

の絆を強めていただきたい。

　英語が母国語ではないピーターが書いた本だから、その英語はどれだけ正確なのか心配に思っている人もいるかもしれない。僕もこの点は一番気にしていた。しかし、心配は無用だ。世界屈指の数学者であり、在米生活20年超の友人（Laci BABAI）と純粋なアメリカ人で文学にも非常に長けているその奥さん（Glenda）にきちんと顧問料を払って、僕が書いた原稿を逐一、細部までチェックしてもらった。この作業を何回も繰り返してきたので致命的な間違いは残っているはずがない。GlendaとLaciに心から感謝する。

　何といっても、お陰で僕の英語の水準もかなりアップしたのではないかと感じているほどだ！

目　次

はじめに ………………………………………………… 3

初級編

3-CONNECT（WARMING UP 1 ）………… 16
3-CONNECT（WARMING UP 2 ）………… 21
ASSOCIATION GAME（COLOR）………… 26
DESCENT（EASY）………………………… 33
3-CONNECT（EASY）……………………… 45
MISSING LINK（PREPOSITION）………… 51
・PERFECT SQUARE ……………………… 62
・SOLUTIONS（初級編）…………………… 64

コラム　「3文字英単語の数学」……………… 67

中級編

3-CONNECT（INTERMEDIATE 1 ）……… 82
3-CONNECT（INTERMEDIATE 2 ）……… 88
ANAGRAM（EASY）………………………… 95
ASSOCIATION GAME（FRUIT）………… 106
3-CONNECT（HARDER）………………… 113
DESCENT（ADVANCED）………………… 125

MISSING LINK (INTERMEDIATE) ……… 134
4-CONNECT (EASY) ……… 139
・PERFECT SQUARE ……… 151
・SOLUTIONS (中級編) ……… 153

上級編

ASSOCIATION GAME (PROFESSION) ……… 158
MISSING LINK (ADVANCED) ……… 167
ANAGRAM (ADVANCED) ……… 175
3-CONNECT (ADVANCED) ……… 184
4-CONNECT (ADVANCED) ……… 194
・PERFECT SQUARE ……… 202
・SOLUTIONS (上級編) ……… 204

付録

3文字英単語 ……… 210
4文字英単語 ……… 215

初級編

3 - CONNECT
（WARMING UP 1）

　まずは、「はじめに」でも説明したゲーム、3 - CONNECT で遊んでみよう。上に示した3文字の英単語を1字ずつ変えて下の単語になるようにする。例をあげよう。

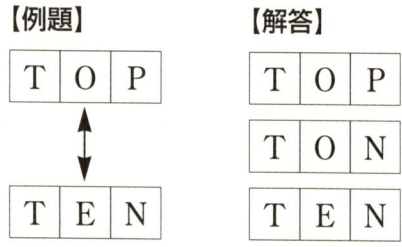

【例題】　　【解答】

　これは簡単だと思う。間に一つの単語だけを入れて結べばよいわけだから。結ばなければならない単語同士には、そもそも共通の文字がある。だから、それ以外の二つの文字のうち一つを変えればよい。TOP と TEN では2番目にある O を TEN の2番目の文字 E に替えるか（TEP）、3番目の P を TEN の3番目の文字 N に替えるのか（TON）、二つの可能性しかない。TEP は意味のある単語ではない（Tokyo Electric Power の略語ではあるが）。一方 TON は日本語にもよく使われている重さの単位（1000キロ）である。だから正解は TOP － TON － TEN だ。

では、同じように次の問題の単語同士を結んでみてください。答えは一つとは限らないので注意しよう。

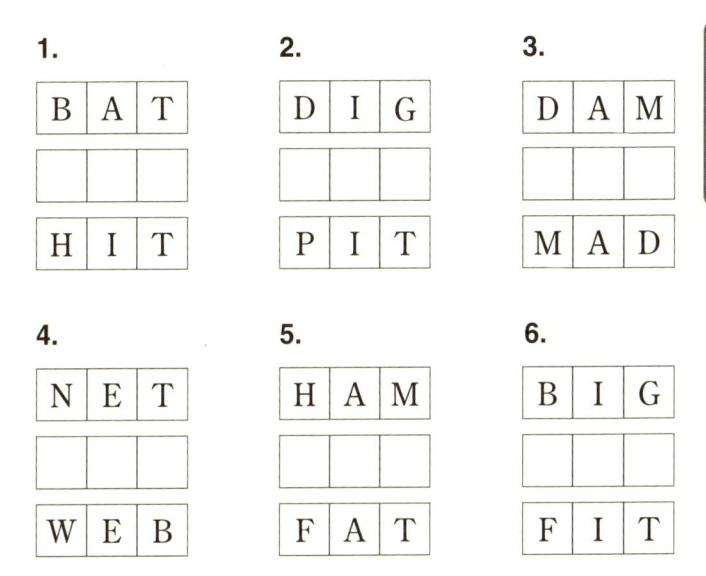

初級編

1.

B	A	T
H	I	T

2.

D	I	G
P	I	T

3.

D	A	M
M	A	D

4.

N	E	T
W	E	B

5.

H	A	M
F	A	T

6.

B	I	G
F	I	T

ピーターからの一言

1. 日本人は野球が好きで BAT をよく知っているが、バットと発音する。それでは外国人には通じない。読者の皆さんは、これからは BAD と同じように、バットよりベットに近い発音だと認識して欲しい。日本語では、外来語をカタカナで書いて日本語の五十音の範囲内で発音するのが当然だけれど、英語で話している時は英語らしく発音しないともったいない。外来語が多いことは、日本語の本来の言葉の一部が消えつつあるという好ましくない結果である一方、日本人誰もが潜在的に知っている

英単語の数が増えてきたことも意味している。

英語をほとんど勉強したことがない中国人留学生の友人は、ロンドンに行って一カ月間英語学校に通った。東京に帰って来た時「日本語を習っていて良かった。そのお陰で向こうで英語を勉強するとき大分得した」と言ったことをよく覚えている。せっかくのチャンスだから、読者の皆さんも、カタカナ英語の知識をもっと英語らしい発音で、大いに活かしてください！

BITの意味は皆さん分かるかな。最近は情報の単位として使われることも多い：1 byteは本来8 BITであったが最近は16、32、64と128 BITのbyteもある。BITは元々「少し・ちょっと」の意味。a little BITとなると正に「少し」である。

もっとも食べ物の場合は、Can I get a BIT?とCan I get a bite?（発音はbyteと同じだがつづりが違う）の両方とも使うことができる。後者は元々「噛む（bite）」の意味をもつから、「一口ちょうだい」となる。ちなみにbiteという動詞の過去形はBITである。

2. PIT は「穴・くぼみ」の意味。穴を掘るのは英語で dig a PIT と言う。PIT を知らなくても COCKPIT は皆知っているはず。飛行機の操縦室は日本語でもコックピットと言うから。語源を調べると闘鶏場、つまり南米辺りに人気がある賭け事、雄鶏の格闘技が行われる、くぼんだ場所が本来の意味だ。

3. DAM は日本語でダムだ。国土交通省は依然として is MAD about DAM（ダムが大好きである）、これ以上ダムを造るのは金のムダだと考えている市民は日本中でも多くなっているのではないか。

　皆さんピーターの洒落に気づいたかな？ DAM は右から読むと MAD である。おまけに、ダムは右から読むとムダとなる。間に挟まれているのは一般市民の代表、真面目に働いて税金を納めているお父さん（DAD）である。

4. NET はテニス、バレーボールのネット、つまり「網」で、NETWORK や INTERNET にも使われている。ちなみに中国語でインターネットのことを「網」と書く。これで WEB の意味は知らなかった人でも www のことを思い出したのではないか。www は WORLD WIDE WEB の三つの w からきているのだ。WEB は「クモの巣」の意味である。インターネットは、世界中にクモの巣のように広がった網というわけだ。

5. HAM contains a lot of FAT, especially in Japan. アメリカでは 15 年前でも lowfat HAM が販売されていたの

に、日本にはなかなか上陸しない。僕のように、HAMが好きだけれど太りたくない人にとってはとても残念だ。

6. FIT は複数の意味をもっている。まずは「合う・ぴったりはめる」：This dress is too BIG, it does not FIT me. またフィットネスクラブの FITNESS の FIT、つまり「体の調子が良い」の意味もある：I feel FIT. さらに発作の意味もある：He had a FIT of asthma. asthma は喘息のことだ。

3 - CONNECT
(WARMING UP 2)

WARMING UP 1 で、皆さんもルールが分かったことだろう。もう少し別の問題も解いてみよう。

1.

N	O	T
Y	E	T

2.

W	A	S
H	A	D

3.

W	I	N
T	I	E

4.

A	I	M
H	I	T

5.

T	I	P
T	O	E

6.

S	E	X
S	I	N

7.

L	A	Y
L	O	W

8.

B	A	D
D	A	Y

9.

C	A	T
S	I	T

ピーターからの一言

1. 皆さんご存知だろうが NOT YET は「未だに」の意味：Have you been to France? Not yet.（フランスに行ったことがありますか？まだありません）のように。YET には「さらに」の意味もある：This book presents YET another approach to English.（この本は英語へのさらに異なるアプローチを紹介している）

　僕は NOT と YET を見るとつい NYET を思い出してしまう。皆さん分かるかな？ロシア語で No の意味。長い冷戦の影響でこの単語は大体のアメリカ人も知っている。時々 No の代わりに使ってみても面白いかもしれない。

2. WAS は be、HAD は have の過去形だ。西欧言語の殆（ほとん）どで、この二つの動詞は一番基本的である。活用も例外的できちんと覚えるのが大変だ。過去形、受身形などの助動詞にもなっているから、正しい発音を含めて脳の即座にアクセスできる引出しに保存してもらいたい。

3. WIN は「勝つ」、TIE は「引き分け（する）」の意味。テニスでお馴染みのタイブレーク（TIEBREAKER）の語源でもある。もっとも TIE には「結ぶ」の意味もある。だからネクタイ（NECKTIE か単に TIE）の語源になった。

4. AIM は動詞として「狙う・目指す」の意味。名詞と

して「狙い・目標」の意味がある。日本語では「あなたの夢は何ですか」と聞かれるけれど、英語では What is your dream ?とあまり言わない。英語の dream は日本語の夢よりも現実との格差が大きいような気がする。一方 My AIM in life is ...がよく使われている。また、AIM high は「大きな夢を抱く」の意味だ。北海道大学の石碑にも刻まれている言葉 Boys, be ambitious.（少年よ、大志を抱け）をもっと簡単な言葉で表現すると AIM high !となる。ちなみに US Air Force（米空軍）の新兵を募集するポスターにも、この AIM high が書いてある。

5. TIP にも複数の意味がある。日本人に一番馴染みがあるはずなのは「チップ」だろう（日本語のチップは英語の TIP からきているからね）。また、「先っぽ・先端」の意味もある。　FINGERTIP は「指先」、TIP of the iceberg は「氷山の一角」である。TOE は「足の指」だから on TIPTOE は「つま先で」、また転じて「大いに期待して」の意味もある。

6. 性行為、セックスは英語で SEX であると皆知っている。一方、SEX には「性、性別」の意味もあることを知らない人が意外と多い。アメリカ合衆国の入国審査カードに SEX と書いた質問がある。MALE か FEMALE と答えるべきなのに twice a week（週に2回）と書いた人もいるらしい！

　SIN は罪または罪を犯すの意味。Is SEX a SIN?（セックスは罪だろうか）。これに対しての答えは、宗教や時代によって大分違ってきた。プロテスタントの国、英国ではこの質問への答えはずっと YES だった。ヴィクトリア女王が亡くなったのは 100 年前の 1901 年のことである。ロンドンで彼女が使用したベッドを見たが、世界最大の帝国の君主のベッドがビジネスホテルのベッドより狭いことに驚いた。やはりこの YES がイギリス社会へ与えた影響は大きい。サッカー、ラグビー、テニス、競馬などの多くの遊びを英国人が考えついたのも、そこに由来するかもしれない。

7. LAY は、置く（特に横にして）、また LAW は法、法則、決まりの意味。そして LOW はもちろん、低い、低くの意味である。多くの日本人の考え方にぴったりした慣用句（idiom, idiomatic expression）がある：LAY LOW、その意味は「目立ったことをしない」。In Japan, to LAY LOW is almost like a LAW.（日本では、目立ったことをしてはいけないのは、ほとんど法律のようだ）とも言える。

8. BAD と DAY は皆知っているだろうが I had a BAD DAY.（ついてない一日だった）という言い回しも覚えてもらいたい。

9. CAT は「猫」で SIT は「座る」の意味。また、SAT は SIT の過去形だ。日本語の「座る」は、基本的に生き物に対して使われるが、英語では This letter was sitting on my desk for a week.（この手紙は一週間も（読まずに）机に置いてあった）の形でも使えるのだ。アメリカの飛行機では、水平飛行に入るとパイロットは SIT back and enjoy the flight. と言う。ここの SIT back は「リラックスする」の意味だ。

ASSOCIATION GAME
(COLOR)

この章では連想ゲーム（ASSOCIATION GAME）をやってもらう。出題の方法としていくつかのヒントを並べて、その全てと関連のある言葉を当てて欲しい。

例えば、milk, black, white がヒントだったら皆さん何だと思う？分かったよね、chocolate だ。ただし、milk と black だけだったら coffee でも良い。また、milk と white の場合は yoghurt, cheese, whipped cream などもある。そして black と white なら othello（オセロ），picture（写真），go stones（碁石）でも OK だ。

連想ゲームの問題はいくつかのグループに分けて出題する。まずやさしい問題からはじめてみよう。ここでは色（COLOR）を当ててもらおう。

次の **1.**～ **10.** にあげられたものから連想される色の名を右側から選んで、□ の中に書いてください。

1. snow　　□

2. grass　　□

3. flamingo　□

4. banana　□

5. blood　　□

6. mouse　□

7. ocean　□

8. carrot　□

9. chocolate　□

10. funeral　□

　　　black
　　　brown
　　　orange
　　　blue
　　　gray
　　　red
　　　yellow
　　　pink
　　　green
　　　white

初級編

ピーターからの一言

1. これは皆さん簡単にできただろう。Disney（ディズニー）のアニメ「白雪姫」以来、雪の降らない国でも「白」と聞いて「雪」を連想する人が圧倒的に多くなった。一方日本では、「一面銀世界」のように、雪の色をwhiteではなく、silverと表現することもある。

2. 外国人にとって日本の色の中で一番不思議なのは「青」である。欧米では全く違うと見なされた二つの色 blue

とgreenを同じ形容詞で表すことのある国、日本。「青い空、青い海と、青い野菜、青い芝生の青は全然違うのに」と反論したくなる。でもしばらく日本語と付き合うとなんとなく分かるような気がする。

　日本（と中国）語の青いには色の様子もあるけれど、それ以前に「生き生きとした、清清しい」の意味もある。例えば、「青年」の「青」は色と直接の関係が無い。こう考えると色の全く違う物同士を同じ「青」で形容するのもおかしくない。それにしても「顔色が青い」（英語でYou look pale.）の「青い」の由来はなんだろう？

　緑色を当ててもらうために、草以外にも色々可能性はあったが、外国人の耳にはgreen grassの響きが良い。それは両方の単語の頭文字が同じだからだ。響きがとても大切なのだ。芸名の選び方でもこの原理を見ることができる。有名な作家のGraham Greene, 昔の女優のGreta Garbo, Marilyn MonroeやClaudia Cardinale, Brigitte Bardot、皆姓と名の頭文字が同じだ。また、世界中の子供達に人気のDonald Duck, Mickey Mouseもそうだ。元大統領のRonald Reaganの人気の原因の一つでもあったかもしれない。ついでにgreenbackという言葉も教えよう。アメリカの紙幣のback（裏）は全部greenだからgreenbackは「＄」の意味である。特に経済ニュースにはよく登場する。

3. アニメ・ファンの方はpantherと聞いてpinkを連想するかもしれないけれど、本物の豹（ひょう）は色が違う。三年前にKenya（ケニヤ）のLake Nakuru（ナクル湖）で見た一万羽以上のフラミンゴの大群は一生忘れ

られない。本当にピンクで美しかった。実はcarnation（カーネーション）と聞いてpinkを連想するアメリカ人も極めて多い。その理由を探るとcarnationは元々pinkに近い色の意味だった。地中海沿岸から英国やアメリカに渡った花carnationは先ずpinksと呼ばれたらしい（carnationの語源はラテン語のcarne（英語でflesh、日本語で「肉」）である）。なぜかこれが変わって、今はcarnationが一般的だ。もっとも、最近はピンクだけではなく、様々な色のカーネーションがある。

4. 熟したバナナは茶色になってしまうけれど、皆さん連想できただろう。まあ、レモンでも、ポンカンでもグレープフルーツでも良かったかな。アメリカ人の友人はbutter（バター）を薦めたが、最近のバターはいつまでも新鮮さを保ち、黄色いよりも白いような気がする。

5. 多分sun（太陽）と書いても、ほとんどの読者は分かっただろう。日本人（特に年配の方々）にとっては、日

ASSOCIATION GAME（COLOR）

の丸の「日」だから太陽は「赤」である。中国の革命歌にも「紅の太陽」が出てくるから、「太陽」と聞けば red（中国語で紅）を連想する。しかし、客観的に考えると日の出と日没以外の太陽は、黄かオレンジ色である。鈴木孝夫先生の本に、太陽の色について色々面白いことが書いてあったので、僕も関心を持って、沢山の友人に太陽の色を訊（き）いてみた。一番納得したのは、この本のために色々手伝ってくれたハンガリー人の Laci（ラチ）の答え、golden（黄金色）だった。太陽は我々地球人にとって、金よりも大切な宝である。

　皆さんも様々な外国の知り合いに太陽の色を訊いてみてください。話の種にもなる。ちなみにその質問は英語で What color is the sun ? になる。

　red を連想させるためには、他にも沢山の単語がある。rose（ばら）もその一つである。愛を表すのは赤いばらだからね。ところが愛の国フランスでは、rose は英語と同じつづりで、ばらの意味とピンク（色）の意味の両

方をもっている。つまりフランス人にとってはばらはピンクなのだ。さらに面白いことに、フランスの美空ひばり、Edith Piaf（ピアッフ）のシャンソン「La vie en rose」の題名は日本語で「ばら色の人生」になっている。これを見る日本人の頭には当然赤い色が浮かぶけれど、タイトルの正しい和訳は「ピンク色の人生」だろう！

apple（りんご）と聞いても大体の人の頭にはredが浮かぶだろう。しかしフランス人は又違う。彼らにとってりんごはvert（緑）である。最近は日本でも青いりんごが増えているけれど。

6. 医学の実験に使われている二十日鼠（はつかねずみ）は真っ白だが、東西を問わずmouseと聞いてほとんどの人はgray（ねずみ色）を連想するだろう。ちなみに英語でもmouse-coloredという単語がある。実はこの原稿を書いているコンピュータのmouseもgrayだ。

7. 英英辞典でblueの定義はclear sky（晴天）やdeep sea（深い海）となっているので、深い海の代表「大洋」を選んだ。

8. 橙（だいだい）色の植物といえばオレンジが浮かぶけれど、英語では同じつづりになってしまう。だから人参（にんじん）を選んだ。なお、僕の生まれたハンガリーでは人参をsargarepa、文字通り訳せば「黄根」と言う。

9. 色の中ではbrown（褐色）は決して高級な方ではない。聖徳太子の時代も身分の低い人の色だった。日本語

では brown を「茶色」と訳すのが一般的だ。一方、日本茶は「緑茶」であり、欧米の tea は「紅茶」なのに「茶色」を brown 一色に定めるのは未だに不思議に思う。おそらく、語源は中国語の brown、「茶褐色」だろう。

10. funeral（葬式）で皆さん「黒」を連想してくれたと思うけれど、世界では葬式に白い服を着る民族や部族もそう珍しくない。英語が堪能である人に黒を連想させるためには、ebony（黒檀）が最適だろう。この木材の色は、日本での墨同様、黒い色の代表である。black を連想させる鳥 crow と raven（日本語では両方とも烏と言う）もいる。「烏の濡れ羽色」は真っ黒を表わす美しい日本語だ。black は英語で「黒人」の意味でもある。僕の眼には黒人の肌の色がきれいなチョコレート色（chocolate）にしか映らないけれど。白人の肌の色だって、日本人や黒人より明るいとはいえ、決して白ではない。

　むかしは、アメリカの visa（査証）を申請する時の書類には確かに race（人種）の欄もあった。そこで白人は、決して white ではなく Caucasian と答えるべきだった。その語源は黒海とカスピ海の間にある Caucasus（コーカサス）山脈である。なぜかって？ 聖書によると大洪水（ノアの箱舟の話）の時、唯一水に覆われていなかったのはこの山脈のアララト峰だったのだ。

　それにしても人種差別、そして生まれによる全ての差別が早くなくなれば良いな！

DESCENT
(EASY)

この章では英単語をどんどん削るゲームをしよう。出題された英単語から出発して、1文字ずつ削るのだ。ただし、最後はもちろん、途中に現れる単語も皆意味のある英単語でなければならない。1文字の英単語は不定冠詞のaと「私」のIだけなので、2文字の単語まで短くできれば良い。例をあげよう。

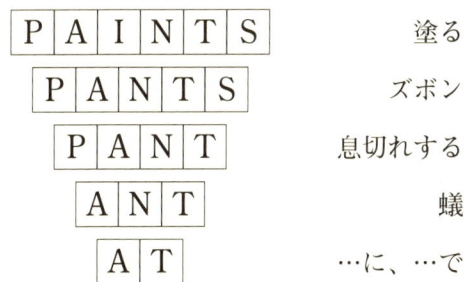

英語の良い練習になるけれど、決して難しくないタイプの問題だ。先ず5文字のうちの1文字を削らなければならない。どれを削るかは5通りの選択しかない。しかも多くの場合、意味のある英単語が残るのは一つだけだ。次は単語が短くなって、削る個所も4箇所だけ。その次は3文字になるから三択になる。あっという間に全ての可能性を調べることができる。

しかし急ぐ必要は無い。途中の作業中の「この文字を

削って出てくる単語は意味があったのかな？」「この単語の意味は？」などの迷いが最高の勉強になる。家でやれるのなら、辞書を片手に解いて欲しい。すると「やっぱりこの単語のつづりが違ったな」など、自分の記憶の誤りに気付く可能性もある。それこそ良い練習だろう。解答に載っているのと異なる解答を見つけたら、つづりのミスの可能性が高いから、是非チェックして欲しい！

最初に使用可能な 25 個の 2 文字英単語をあげておく。
　ad, an, as, at, be, by, do, go, he,
　hi, if, in, is, it, me, my, no,
　of, on, or, so, to, up, us, we.
これらは皆さんも良く知っているに違いない。説明が必要なのはせいぜい ad（広告）と hi（親しい人に対する簡単な挨拶）の二つだけだと思う。

それでは、問題を解いてみよう。答えは一つとは限らないので注意しよう。

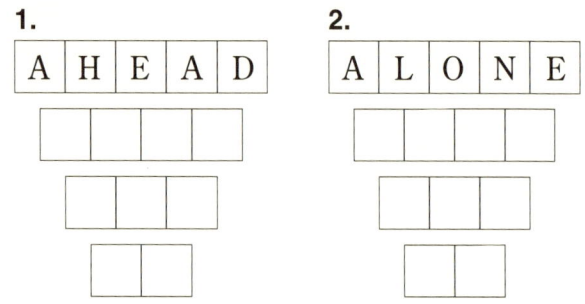

3.
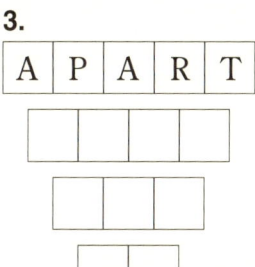

4.
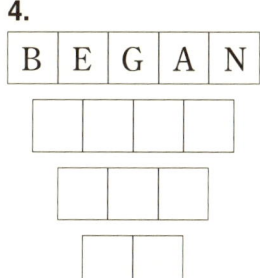

5.
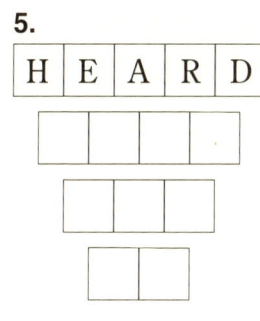

6.
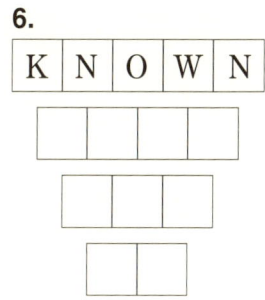

7.

8.
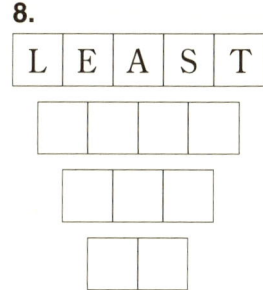

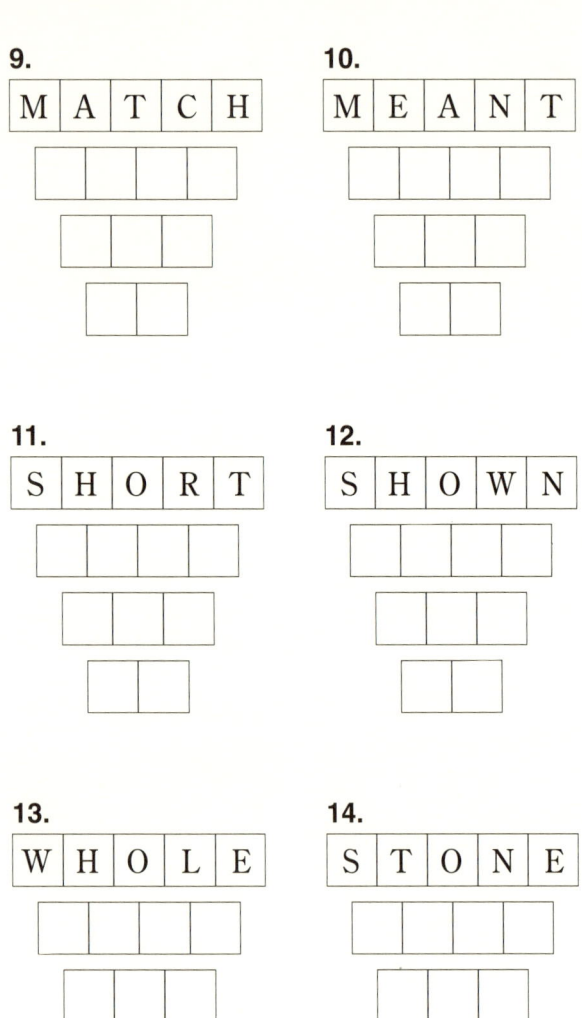

ピーターからの一言

1. AHEAD は「前に」、「先に」の意味で非常によく使われている。幾つかの例を挙げよう。AHEAD of time か AHEAD of schedule は「予定より早く」の意味。go AHEAD は物理的に「先に」の意味もある：Please, go AHEAD. I will follow you（先に行ってください。私はついていきます）。また許しの意味ももっている：Can I see this book? Sure, go AHEAD.（この本を見て良い？勿論だよ）。日本語の「前途多難」は英語で There are many difficulties AHEAD (of us). になる一方、「前途洋洋」は (They) have a bright future. がピッタリだろう。では例文：He HAD no time to break his HEAD over it, he just went AHEAD and broadcast the old AD.（頭を悩ませる暇がなくて、代わりに古い CM を放映した）

2. 二つの単語 ALONE と LONE は似ているが使い方が全然違う。ALONE は「独りで」の意味。用例に Can you do it ALONE?（独りで大丈夫？）や I live ALONE.（一人で暮らしている）などがある。一方の LONE は「孤独」の意味で lonely（独りぼっち）や loner（一匹狼）の語源にもなっている。He is a LONER.（一匹狼である）は loner が日本よりずっと多いアメリカでは、非常によく使う表現だ。例文：If you live ALONE and there is not even ONE person you can count ON, then you are a real LONER.（一人で暮らしていて、頼りになる人が一人もいなかったら、あなたは本物の一匹狼だ）

3. PART は日本語の「パート」（part-time job）の語源でもある「部分」以外にも、色々な意味がある。上の意味から推測できる意味が多い。「一部」、「部品」や「役」。それぞれ用例を紹介しよう。Fighting has always been a PART of their lives.（喧嘩はずっと彼らの生活の一部であった）、つまり、（昔からよく喧嘩している）という意味。It is difficult to find PARTS for an old car.（古い車の部品を見つけるのは大変だ）。I will do my PART.（自分の役目を果たすぞ）。「参加する」の意味の take PART と participate も PART からきている。

動詞としての PART は「分かれる」の意味だ。Let us PART as friends!（喧嘩別れしないで、友達としていこう）はよく耳にする。

APART（離れて、別として、など）の幾つかの使い方も覚えて欲しい。例：The two convenience stores are just a block APART.（その二つのコンビニはたった一ブロック（区画）しか離れていない）。APART from my mother, you are the only one who knows about my new plan.（母を除いて僕の新しい企画を知っているのは君だけだ）。APART from beer, wine, and whisky I hardly drink at all.（ビール、ワインとウィスキー以外は酒をほとんど飲まない）。My house is falling APART.（家は崩れ落ちそう）。

例文：During the earthquake AT the ART exhibition, PART of the display fell APART.（芸術展で地震によってオブジェの一部は崩れ落ちた）

4. BEGAN は begin（始める）の過去形で、BEAN は

「豆」で、そして BAN は「禁止する」や名詞化して「禁止令」の意味だ。例文：AN earlier BAN on imports BEGAN to affect BEAN prices.（先の輸入禁止により豆の価格に影響が出始めた）

5. HEARD は HEAR（聞く）の過去形で、HARD は「難しい」や「硬い」である。では例文：I HEARD that he HAD a HARD time understanding what the author of the AD HAD in his HEAD.（彼は広告の製作者が何を考えていたのかを理解するのに苦労した、と聞いた）

6. KNOWN は KNOW（知る）の過去分詞形であると同時に「知られている」の意味もある。well-known は「有名」である。know を使う慣用的表現は多い。すごく役に立つものを2、3個教えよう。As you (all) know, 〜は「（皆さんも）ご存知の通り〜」である。As far as I know は日本語で「僕が知る限り」である。又、God knows if 〜は「〜は誰もわからない」である。例えば

God only knows if she is coming.（彼女が来るかどうか、誰もわからない）。では例文：

NO one KNEW him before the Olympics, but NOW he is well-KNOWN all over the world.（オリンピックの前に彼のことは誰も知らなかったが、今は世界的に有名である）

7. LATER は「より遅く」や「後で」の意味がある。最もよく使われている別れの挨拶の一つ See you LATER.（また会いましょう）にも登場する。ただし最近は See you.（またね）で済ませる人も多い。面白いことにこの See you はハンガリー語にまで影響を及ぼした。この表現の訛りである Szia（発音はシア）はこの20年間で最もよく使われている挨拶になってしまった。しかも元の See you と違って、Hello（今日は）の意味でも使われる。更に英語の手紙の冒頭に出てくる Dear Susan も、最近のハンガリー語では Szia Susan と変わってきた。では例文：

I ATE lunch very LATE; I am not hungry now. Let us eat LATER, AT a restaurant.（ランチを食べたのはとても遅くて、今お腹が空いてない。もっと遅く、レストランで食べよう）

8. LEAST は small − less − LEAST からも分かる通り「最も小さい」や「最も少ない」の意味だ。数学用語の「最小公倍数」は英語で least common multiple（略して「l.c.m.」）である。He is not handsome, to say the LEAST.（いくら控えめに言っても、彼は格好良くない）

は「彼はとても格好が悪い」という意味だ。

　四つの方角 east（東）、west（西）、south（南）、north（北）を皆さんご存知だろう。英語だと、上の順番ではなく north, east, south, west となる。日本、中国、朝鮮半島とシベリアの東部を含む「極東」地域を英語で Far East と言う。因みに Easter は「より東に」ではなく、キリスト教の二大祭りの一つである「復活祭」である。日本のカレンダーには載っていないので、日本にいるといつなのかが分からない。というのはこの復活祭の日の求め方はかなり複雑で、春分の日以降の、最初の満月に次ぐ日曜日と月曜日である（Easter Sunday と Easter Monday）。だから Easter Sunday は一番早くて 3 月 21 日で、一番遅くて 4 月 24 日である。では例文：

　In the Far EAST, you should EAT fresh seafood AT LEAST once per day.（極東地域では一日少なくとも一回新鮮な海の幸を食べるべきだ）

9. MATCH の主な意味には、火を点ける「マッチ」、サ

ッカーなどの「試合」や「似合いの」がある。I am no MATCH for him.は「彼には及ばない」という意味だ。動詞としての用例も挙げよう：The Hawks could not MATCH the Giants' offer.（ホークスは巨人程の金額を提示できなかった）

MATH は mathematics（数学）の略で Do you like math?（数学が好き？）などのように学生の間に非常によく使われる。日本語の「テーブルマット」や「風呂マット」の「マット」は英語の MAT からきているが、MAT の意味の方が広い。例えば、畳のことを (tatami) MAT、レスリング用の床を wrestling MAT と言う。また、写真を現像する時の「艶消し」も MAT と言う。ちなみに「光沢」は gloss である。では例文：I can't MATCH him AT MATH, but I can beat him on the MAT. （数学だと彼に及ばないけれど、レスリングなら勝てる）

10. MEANT は MEAN（意味する）の過去形である。例えば、His friendship MEANT a lot to me.（僕にとって彼の友情はとても大切だった）。数学では MEAN の意味は「平均」だ。arithmetic（算数的）MEAN は「相加平均」で geometric（幾何学的）MEAN は「相乗平均」の意味だ。まあ、日本でも「算術平均」と「幾何平均」を使う人もいる。では例文：

To my father, to EAT AT a restaurant has always MEANT to EAT MEAT.（父にとってレストランで食べることは肉を食べることの意味だった）

11. これは結構難しい。SHORT の次に SHOT（発砲、

シュート、一杯、など）と HOT（熱い）にすることができるけれどその先には進めない。だから、SOT（飲んだくれ）というかなり軽蔑的な単語を知らないと、この問題はなかなか解けない。

SHORT は long の反対で、「短い」の意味。複数の SHORTS は「半ズボン、短パン」の意味で、欧米で見かけることは日本よりずっと多い。SORT は「種類」や「タイプ」の意味。例えば、Hamburger is SORT of a sandwich.（ハンバーガーはサンドイッチの一種である）（実はアメリカでは hamburger を sandwich と呼ぶことが多い）。ちなみに、I am SORT of hungry.といえば、お腹が多少空いているという意味だ。では例文：

It is SORT of a SHORT walk to the station, but that SOT was SO drunk that I had to carry him on my back.
（駅までの道のりは決して長くないけれど、あの飲んだくれはあまりにも酔っていて、背中に乗せて運ぶしかなかった）

$$f(x) \sim \sum_{n=1}^{\infty} b_n \sin nx$$
$$b_n = \frac{2}{\pi} \int_0^{\pi} f(x) \sin nx \, dx$$
$$(n = 1, 2, \cdots$$

12. SHOW − showed − SHOWN は「見せる、示す、教える」の意味の動詞の活用法である。SOW は「種を蒔く」と「雌豚」の意味がある。では例文：

The picture that I was SHOWN was SO funny. It SHOWED a SOW wearing sunglasses.（見せられた写真はとても可笑しかった。サングラスをつけた雌豚が写っていた）

13. WHOLE は「全体」の意味で、HOLE は「穴」である。HOE は「鍬（くわ）」、また動詞として「鍬をいれる」の意味だ。では例文：

HE spent the WHOLE day looking for the HOE in that big HOLE, but HE could not find it.（彼は丸一日あの大きな穴の中で鍬を探していたが、結局見つけられなかった）

14. STONE は「石」で、碁石のことも go stone と言う。TONE は「音色、色合い」また「口調、格調」の意味だ。ONE（1）と ON（何かの上）には説明も要らないだろう。では例文：

Come ON, don't use that TONE, you won by just ONE STONE.（たった一石の差で勝っただけなのに、こんな口調で話してどうするんだ）

3 - CONNECT
(EASY)

それでは、もう少し難しい 3-CONNECT に挑戦してみよう。まずは、例題。

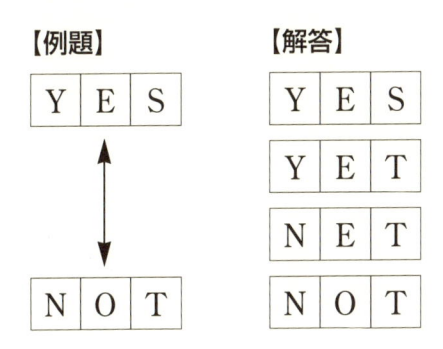

【例題】

| Y | E | S |

↕

| N | O | T |

【解答】

| Y | E | S |

| Y | E | T |

| N | E | T |

| N | O | T |

ここの問題は全て、3文字とも異なる単語同士を結ぶ問題だ。だから結ぶためには、三つの文字を全て変える必要がある。従って、上の単語と下の単語の間には、少なくとも二つの単語を入れなければならない。ちょうど二つを間に入れて、結ぶ方法は最大で $3 \times 2 = 6$ 通りが考えられる。

YES と NOT を例に説明しよう：

YES − NES − NOS − NOT
YES − NES − NET − NOT
YES − YOS − NOS − NOT
YES − YOS − YOT − NOT

$$\text{YES} - \text{YET} - \text{NET} - \text{NOT}$$
$$\text{YES} - \text{YET} - \text{YOT} - \text{NOT}$$

　まず、最初の文字 Y を N に替えた場合、残りの 2 文字のうち、どちらを先に目指す単語の O, T に替えるかによって、2 通り考えられる。そして次に、2 番目の文字を目指す NOT の O に替えた場合、最初の Y を N にするか、3 番目の S を T に替えるか、どちらを先にするかによって、2 通り考えられる。同じように、YES の 3 番目の文字 S を T に替えた後、最初の Y を N にするか、2 番目の E を先に O にするかによってさらに 2 通りある。

　これらを調べると NES も NOS も、YOS も YOT も意味がないので、正解は 5 列目の YES － YET － NET － NOT に限られる。もっとも、これは WARMING UP 2 の問題、NOT － NET － YET に YES を加えただけだ。

　では、同じように次の問題を解いてみよう。

1.

E	A	T
S	I	P

2.

T	E	A
P	O	T

3.

S	I	X
T	E	N

4.

B	O	Y
M	A	N

5.

D	O	G
R	A	T

6.

B	O	W
T	I	E

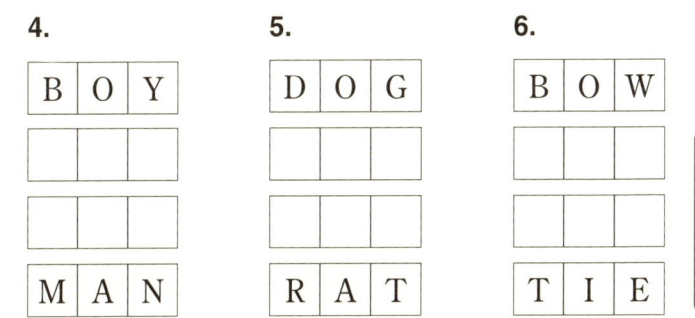

7.

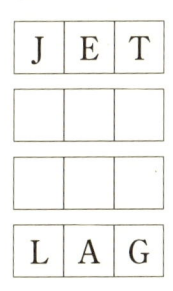

J	E	T
L	A	G

ピーターからの一言

1. 途中のSIT（座る）とその過去形SATは問題ないだろう。日本の教科書にはあまり登場しないSIPも、非常によく使われている。drinkの類語で、「少しずつ飲む」の意味。また、「（飲み物の）一口」の意味もある：She was drinking her coffee in small SIPS.（彼女はちびちびコーヒーを飲んでいた）

2. PEAはグリーンピース（GREEN PEAS）のピー。新鮮なGREEN PEASはヨーロッパでは人気が高い。日本

で「瓜二つ」と言うが、英語では They are as alike as two PEAS (in a pod). となる。GREEN PEA で思い出したが日本茶は世界中で GREEN TEA（または JAPANESE TEA）と呼ばれている。紅茶は英語で BLACK TEA となる。日本の茶道ほどではないけれど、TEA を飲むのは英国でも非常にかしこまったものである。ちなみに日本のお茶の「ちゃ」と英語の「TEA」のいずれも、中国語から来ている。ただし日本の場合は主流の北京語、英国の場合は南方の方言からだ。英語の影響でヨーロッパの大半でも似ているつづりになっている：te（西），thé（仏），Tee（独），tea（ハンガリー）。一方、ロシアではインドの影響で chay となっている。

3. SIX と TEN は簡単に結べたけれど、ONE と TWO を結ぶのはかなり難しい。これは後で出題される。日本人にとって SIX ― SEX ― SEN（銭）― TEN も良いけれど、英語では SEN と言う（略語ではない）単語がない。

4. BOY — BAY — BAN — MAN という解答も考えられるが、BAN は 3 文字英単語リストには載っていないから MAY — MAN が正解だ。

5. DOT は「点」である。〇〇企業のメールアドレスは、〇〇.com であることが多い。だからインターネット企業（company）を総称して.com（DOT - COM）と呼んでいる。ROT は「腐る、腐らせる、腐敗する」の意味だ。例：This egg is ROTTEN.（この卵は腐っている）。

　RAT はもちろん「ねずみ」の意味。もっとも日本語では mouse もねずみである。欧米人にとって mouse は小さくて、可愛い面ももっているが、RAT は悪そのものである。黒死病（pest）の大流行のせいで、中世ヨーロッパで一億人ほどが死んだらしい。その犯人も mouse ではなく RAT とされている。RAT には「裏切り者」の意味もある。相手に You are (like) a RAT.と言うと絶対に怒られる。

6. BOW は「おじぎをする」や「弓」の意味をもつと同時に、「蝶ネクタイ」という意味もある。だから BOW と TIE を結ぶ問題にした。TOW は「ロープなどで引っ張る」の意味：My car broke down, I had it TOWED to a (car) repair shop.（車が故障したので、修理場まで引っ張ってもらった）。アメリカやイギリスの市内でよく TOW-AWAY ZONE という看板を見かける。そこに車を駐車させない方が良い。レッカーに乗せられて高くついてしまう可能性が高い。駐車違反を日本ほど大目に見てくれる先進国は、なかなか無いよ。

7. LAG は「時間の遅れ、ずれ」である。これは飛行機（ジェット）によって生ずると jet LAG（時差）となる。でも、LAG は 3 文字英単語リストに載っていない。これからの出題でもリストに載っていない単語か単語同士が登場することがある。そんな時でも、結ぶために使用する単語はリストの単語に限る。くれぐれもご注意を！

　LEG は FOOT と同様に日本語で「足」と言う。しかし英語では LEG は足全体、FOOT は足首より下の部分を指す。テーブルや椅子の脚を指す時は FOOT ではなく LEG を使う。Don't pull my LEGS. は、何かとても信じがたいことを言われたときの返事で、「嘘ばっかり」という意味だ。

MISSING LINK
(PREPOSITION)

　この章ではヒントとして出される二つの単語の間に入る「Missing Link」を探してもらいたい。

　ここでは手がかりとして答えをABC順に右側にあげておいた。右のリストの単語を **1.** ～ **10.** の □ に当てはめると正解になる。

　注意点を一つ：ヒントとリンクされた答えは単に前置詞が付いた動詞ではダメ！名詞か形容詞としても使われる、かなり知名度の高い言葉でなければならない。

　例えば、ヒントが pay と side の場合、答えは down や in ではダメだ。確かに downside（よくない傾向）や inside（内部）も立派な英単語だけれど pay down と pay in は動詞としてしか使われていない。だから正解は off である。経済用語の payoff（ペイオフ、決済）もサッカー用語の offside（オフサイド）も（日本語にもなっている）よく使われている英単語だ。

【例題】　pay-□　　□-side　　　【解答】　off
　　　　（payoff）　（offside）

では、早速、次の問題に答えてもらおう。

1. check-☐	☐-flight	back
2. knock-☐	☐-law	by
3. play-☐	☐-ground	down
4. game-☐	☐-heat	in
5. take-☐	☐-season	off
6. slow-☐	☐-town	on
7. roll-☐	☐-line	out
8. break-☐	☐-traffic	over
9. passer-☐	☐-product	through
10. hold-☐	☐-grade	up

ピーターからの一言

　これらの問題を作るには本当に苦労した。preposition（前置詞）をリンクに使ってもらおうという発想が悪かったかもしれない。しかし前置詞を含む、短くてよく使われる英単語は多い。それらの内の幾つかを紹介するのがこの章の目的だ。では、なぜ苦労したかと言うと、前置詞は名前の通り、主に（名詞の）前に現れるものだ。もしくは、come, get, put などの基本的な動詞の後に付いて、別の意味の動詞を作るのだ。だから前置詞が後について、全体で名詞になる、よく使われている英単語が少ないのだ。では解説しよう。

1. これは一番簡単な問題だったと思う。check と見たら、皆さんも飛行機やホテルの check-in（チェックイン）を思い出すだろう。ホテルの場合は check-out（チェックアウト）もあるけれど out flight という単語はあまり聞かないから、正解は in に決まっている。in-flight は「機内の」の意味で in-flight service（機内サービス）などの用語で使われる。in が語尾である名詞や形容詞で、最近日本でよく使われている物に walk-in closet（ウォークイン・クローゼット）がある。アメリカを旅すると WAY IN（入口）や WAY OUT（出口）と書いた標識をよく見かける。前置詞の in で始まる単語で一番嬉しいのは、income（収入）かもしれない。

2. ボクシング用語の knockout（ノックアウト）は皆さん知っているだろう。「K.O.」はもちろんその knockout の略である。語尾に out が付くスポーツ用語はほかにもある。テニスやバレーボールでお馴染みの side out（サイドアウト）や、多くのチームスポーツにある time out（タイムアウト）。これ以外にも、講義や会議で皆に配られる handout（ハンドアウト）や、持ち帰り用の意味をもつ takeout（テイクアウト）も有名だ。後者は英国では takeaway と言うけれど。無法者の意味の outlaw（アウトロー）も、多くの映画を通して日本語化されている。最近日本語にもなっている単語といえば、屋外の意味の outdoor（アウトドア）だろう。逆に、その反意語である indoor（室内）は「インドア」として耳にすることは少ない。日本人も行楽地に行って、野外で遊ぶのを好むようになったことを感じさせられる。こ

こでoutdoorとoutdoorsの差を教えよう。outdoorは形容詞、outdoorsは副詞である。用例：Outdoor activities are done outdoors.（アウトドア活動は屋外で行われる）。outの関係で最後に、欧米で病気になってしまった場合に備えてoutpatient（外来患者）と反意語のinpatient（入院患者）を書いておこう。

3.「再生」の意味をもつplaybackは山口百恵のヒット曲「プレイバックpart 2」以来、完全に日本語化されている。backが語尾で日本語化されている単語に、feedback（フィードバック）やスポーツ選手などの人気者の復帰、comeback（カムバック）もある。生い立ち、背景の意味のbackground（バックグラウンド）もしっかり日本語になってしまった。back door（裏口）を使った面白い表現にget in by the back door（不正に、裏口から入学、就職する）がある。日本語にもなっていると言えばbackpack（バックパック）もある。この単語を通しても、アメリカの世界制覇を感じることができ

る。十年前はこの単語を使う人が少なかった。皆「リュックサック」と言っていた。これの語源はドイツ語で、「リュック」は「背中」で「サック」は「バッグ」の意味である。どうせカタカナ言葉ならそれでも良かったのに、米訳の backpack に抑えられてしまった。英国では元の rucksack はまだまだ健在だ。

4. 試合などの終了を指す game over（ゲームオーバー）は日本語でも良く使われているが正式な英語は The game is over. である。over が語尾にくる単語には、経済用語の takeover（企業取得）や「二日酔い」の意味の hangover もある。車のエンジンの overheat（オーバーヒート）つまり過熱も皆さん知っているよね。over で始まる単語で、最も覚えてもらいたいのは overall（全体的な）である。洋服のつなぎとしてのオーバーオールも同じつづりである。

　旅で得をするために overbook（定員以上の予約を取る）も教えよう。外国の（特にアメリカの）航空会社はよく overbook をしている。例えば、定員300人の飛行機に平気で330人の予約を入れるのだ。そのこころは、統計的にみれば予約した人の一割以上がキャンセルしたり、来なかったり（not show up）する。一方、航空会社にとって空席は減益につながるのでこうしているのだ。では、予想以上の人出の場合はどうするのか？ check-in の時か皆飛行機に乗ってから、アナウンスを通して、自ら出発を一日延期してくれる乗客を募る。これで搭乗を断念した客に、慰謝料（1000ドル程度）か同じ会社の別の路線で使える free ticket（ただ券）を与える（翌

日の便に乗るのも当然ただになる)。だから志願者はすぐ集まる。航空会社にとっては、毎回こうやって2、3人に慰謝料払ったとしても得なのだ(是非検算してみて下さい)。しかもこんなことが起こるのは overbook をした回数の一割にも満たないのだ。ぼくも慰謝料を貰ったこともあるし、またエコノミー席が満席でビジネスクラスへの upgrade を楽しめたこともある。

5. 先ほど飛行機の話が出たけれど、飛行機で旅する時、一番危ないのは takeoff（離陸）と landing（着陸）である。乱気流によって飛行機がかなり揺れることがあるが、それが原因で crash（墜落）することは（よほど小さい飛行機を除いて）ない。僕はよく海外に行くけれど、ほとんどは off-season（シーズンオフ）である。ちなみに、off-season の反意語は high season である。日本の金融界でなかなか終わらない「不良債権の帳消し」は英語で write-off of bad loans となる。この場合は英語の方がずっと簡潔だろう。(新聞などでは不良債権の直接償

却と書いてあるが、それは単に複雑な表現を使って処理の内容を誤魔化すことだ。銀行がやっているのはタダの帳消しで、その穴を埋めるのは国民の税金である。）そう言えば大手新聞のニュースの大半は、省庁から渡されるきまった情報に過ぎない代わりに、記者会見でいわゆるオフレコ情報が記者達に渡る。この「オフレコ」は英語の off the record（記録に留めない）が語源で「非公開の」という意味である。英米人がよく使う off で始まる単語に offspring（子孫、子供）もある。

6. slowdown（スローダウン）は決して嬉しい意味ではない、経済などの「減速」や景気の「低迷」である。先ほど言及した landing は「着陸」であるが「着地」は touchdown と言う。この「タッチダウン」はラグビー用語でもある。テレビを見ている日本人で「ダウンタウン」を知らない人はいないと思うが元々の英語の downtown は街の都心部を指す。日本だと繁華街の意味になってしまうけれど、アメリカでは東京の大手町のようなビジネス街、つまり昼間は賑わっているが夜は誰もいない ghost town（ゴーストタウン）のことである。反意語の uptown は街の「住宅地区」だと英和辞書に書いてあるが、違う。この単語はニューヨーク以外に使われていないのだ！ニューヨークはアメリカの最大の都市で、その中心部は南北に細長い島 Manhattan（マンハッタン）にある。ウオール街などのビジネスセンターが、昔からその島の南部（地図で見れば下）にあった。そこから downtown という言葉が生まれた。その反対語の uptown はあくまでも Central Park（中央公園）辺りか

ら北に伸びる住宅街を指す語だ。ちなみに、downtownとuptownの間の部分をmidtownと呼ぶ。upは北の意味であることを裏付ける証拠としてupstateを挙げよう。upstateはニューヨーク州のニューヨークより北の部分を指す言葉として作られた。今はカリフォルニアなどの州でも、その州の北部の意味で使われている。

　ついでに、ピーターによる大胆な和訳の提案：downtownを日本語で「銀座」と訳すべきだ。歴史的に見ると江戸の「ビジネスセンター」であった銀座への憧れで、全国の町で「銀座通り」と命名された商店街が現れた。同様にニューヨークのdowntownの威厳が、この言葉の全米への広がりの根本にある。その広がりの程度はもうびっくりするほどだ。信号もないほど小さな村でもdowntownと呼ばれる場所がある！

7. この問題は難しかったと思う。しかし最近日本でもroll-on（ロールオン）式の制汗剤（ボールが回転することによって液体が塗られる）が増えている。online（オンライン）はonline shopping（オンラインショッピング）などを通して広く知られている。このonline shoppingはこれからずっと伸びると言われるけれど、僕がいままでonlineで買ったのは本だけである。それも半分くらいは後から「買わなければ良かった」と思った。やはり本屋で立ち読みしてから買った方がsafe（安全）だ。そう思うのならなぜオンラインで買うのか？オンラインで買った本は全て、日本で手に入らない、外国語の本だからだ。

8. breakthrough（突破）は新聞でよく登場する。scientific breakthrough は「科学の大きな進歩、大発見」を言う。また diplomatic breakthrough は「外交交渉上の大きな進歩、打開策」である。アメリカで運転すると Through Traffic Only（直進車線）と書いてある標識をよく見かける。この through traffic の意味は右折も左折もせず、「直進」である。through と out を一緒にした throughout は「至る所」や「その時間ずっと」の意味である。例えば、He was studying throughout the summer.（彼は夏中ずっと勉強していた）

9. passer-by は通行人で、その複数は passers-by である。by-product は「副産物」である。by が先頭にくる単語で日本で最もよく使われているのは、bypass（バイパス）だろう。街の中心部を避けるバイパスや、外科用語の「バイパス手術」も完全に日本語になっている。

10. holdup（ホールドアップ）は「強盗」で、残念なが

ら日本でも珍しくなくなった。それでも日本の治安はまだまだ良い方である。テレビのニュースの中で連日通り魔事件やら、放火殺人事件やら、無理心中などが報じられる。これで判断すると、日本もかなり危ない所になってきたと思われる。事実は違う。ニュースの内容が変わっただけだ。テレビ朝日のニュース番組「ニュースステーション」ができるまでは本格的なニュース番組があったのはNHKだけ。その内容も、報道の仕方も今と違って、政治や経済が中心だった。しかし近頃、民放のニュース番組も増えて、視聴率の争いが激しくなった。それに伴って、各チャンネルのニュースは事件が中心になった。こうしてニュースとワイドショーの差がどんどん小さくなった。それだけのことなのだ。

　ではニュース関連の、語尾が up の言葉を二つ紹介しよう。roundup（総括）は例えば news roundup（ニュースのまとめ）としてよく使われる。また犯人の一網打尽を英語で roundup of the criminals と言う。そしてNHKの社説とも言われている「クローズアップ現代」の close-up は詳細な観察の意味である。では運動用語も三つ紹介しよう。pushup は「腕立て伏せ」で、sit-up は「（寝た状態から起き上がる）腹筋運動」でそして pull-up は「懸垂」である。「格上げ」の意味を持つ upgrade はすでに overbook の所で登場した（エコノミーからビジネスクラスへの upgrade）。up で始まる言葉に upstart（成り上がり者）がある。これは日本語の「成り金」のように、あまり良い意味ではない。あるグループに昔から所属している人達は、比較的に新しいメンバーを軽蔑的に言う用法が多い。up と start の順番を

入れ替えると startup（操業開始）となる。これはとても良い意味であり、インターネット関連で設立される新会社を startup company と呼ぶことが多い。また、よく使える表現に upcoming（今度の）がある。特に the upcoming election（今度の選挙）の中で登場することが多い。コンピュータを使うと update（最新化）も日々目にするだろう。ちなみに「最新型のコンピュータ」のことを英語で an up-to-date computer と言う。

初級編

（スリランカにて）

PERFECT SQUARE

初級編

　ここでは、各マスに一文字ずつ入れて、たてにも横にも意味のある単語が並ぶ正方形を作ってもらおう。これを完璧な正方形という意味でPerfect Squareと名付けた。

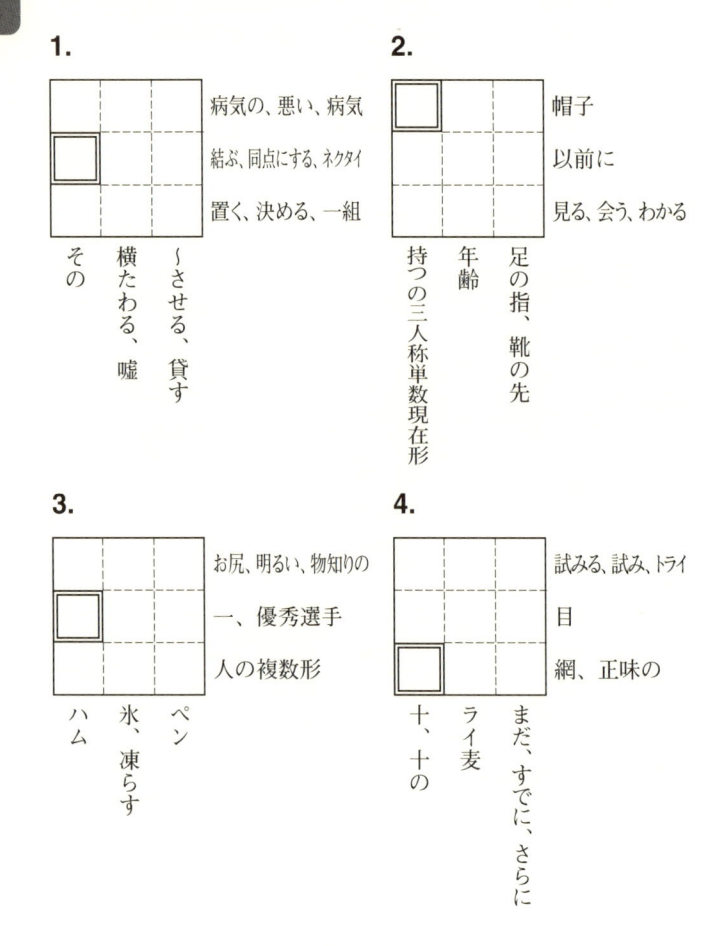

1.

病気の、悪い、病気

結ぶ、同点にする、ネクタイ

置く、決める、一組

その　／　横たわる、嘘　／　～させる、貸す

2.

帽子

以前に

見る、会う、わかる

持つの三人称単数現在形　／　年齢　／　足の指、靴の先

3.

お尻、明るい、物知りの

一、優秀選手

人の複数形

ハム　／　氷、凍らす　／　ペン

4.

試みる、試み、トライ

目

網、正味の

十、十の　／　ライ麦　／　まだ、すでに、さらに

5.

尋ねる
死ぬ
乾いた、乾かす

加える
貴方、先生、~卿
鍵

6.

盆、トレイ
針金
考え、着想
近い、近くに

双子、対の
乗る、乗車
地域、エリア
年

7.

あの
縄、縄で縛る
開く、開放的な
テスト、試験する

早足、早足で駈ける
希望、望む
類人猿の複数形
テント

8.

クラブ、こん棒
薔薇
一の複数形
西、西の

鳥
ひとりぼっちの
使うの三人称単数現在形
最高の、ベスト

1～8の□の中の字を書き入れる

1	2	3	4	5	6	7	8

SOLUTIONS（初級編）

[3-CONNECT（WARMING UP 1）]
1. BAT − BIT − HIT か BAT − HAT − HIT
2. DIG − PIG − PIT
3. DAM − DAD − MAD
4. NET − WET − WEB
5. HAM − HAT − FAT
6. BIG − BIT − FIT

[3-CONNECT（WARMING UP 2）]
1. NOT − NET − YET
2. WAS − HAS − HAD
3. WIN − TIN − TIE
4. AIM − HIM − HIT
5. TIP − TOP − TOE か TIP − TIE − TOE
6. SEX − SIX − SIN
7. LAY − LAW − LOW
8. BAD − BAY − DAY か BAD − DAD − DAY
9. CAT − SAT − SIT

[ASSOCIATION GAME（COLOR）]
1. white 2. green 3. pink 4. yellow 5. red
6. gray 7. blue 8. orange 9. brown 10. black

[DESENT（EASY）]
1. AHEAD − HEAD − HAD − AD
2. ALONE − LONE − ONE − ON

3. APART — PART — ART — AT
4. BEGAN — BEAN — BAN — AN
5. HEARD — HARD — HAD — AD か
   HEARD — HEAD — HAD — AD か
   HEARD — HEAR — HER — HE
6. KNOWN — KNOW — NOW — NO
7. LATER — LATE — ATE — AT
8. LEAST — EAST — EAT — AT
9. MATCH — MATH — MAT — AT
10. MEANT — MEAT — EAT — AT か
   MEANT — MEAT — MAT — AT か
   MEANT — MEAN — MAN — AN
11. SHORT — SORT — SOT — SO か
   SHORT — SHOT — SOT — SO
12. SHOWN — SHOW — SOW — SO
13. WHOLE — HOLE — HOE — HE
14. STONE — TONE — ONE — ON か
   STONE — TONE — TON — ON（または TO）か
   STONE — TONE — TOE — TO

[3-CONNECT（EASY）]
1. EAT — SAT — SIT — SIP
2. TEA — PEA — PET — POT
3. SIX — SIN — TIN — TEN
4. BOY — BAY — MAY — MAN
5. DOG — DOT — ROT — RAT
6. BOW — TOW — TOE — TIE
7. JET — LET — LEG — LAG

[MISSING LINK (PREPOSITION)]

1. in **2.** out **3.** back **4.** over **5.** off **6.** down **7.** on **8.** through **9.** by **10.** up

[PERFECT SQUARE]

1.
I	L	L
T	I	E
S	E	T

2.
H	A	T
A	G	O
S	E	E

3.
H	I	P
A	C	E
M	E	N

4.
T	R	Y
E	Y	E
N	E	T

5.
A	S	**K**
D	I	E
D	R	Y

6.
T	R	A	**Y**
W	I	R	E
I	D	E	A
N	E	A	R

7.
T	H	A	T
R	O	P	E
O	P	E	N
T	E	S	T

8.
C	L	**U**	B
R	O	S	E
O	N	E	S
W	E	S	T

1	2	3	4	5	6	7	8
T	H	A	N	K	Y	O	U

3 文字英単語の数学

　この章はただの読み物である。これを読まなくても、また理解できなくても本の続きには何の影響もない。だから読まなくても良い。でも逆に、大勢の人が数学嫌いになる原因でもある、方程式や三角関数、そして複雑な計算も登場しないこの章を読んで、「こんなに身近な所にもこれほど面白い数学があった」と思っていただけるかもしれない。新しい物への挑戦の精神を忘れず、気楽に読んでもらいたい。

　平面幾何の最も重要な概念は、点、また点と点の間の直線距離だろう。辺の長さが1センチの正三角形（図1参照）は、それぞれが1センチずつ離れている3点と、これらを結ぶ直線からなる。正方形ABCD（図2参照）の半分である直角二等辺三角形ABCを見て欲しい。ABとBCの長さを3センチとすると、ACの長さはどうなるか。測ってみると4.2と4.3センチの間の長さでピン

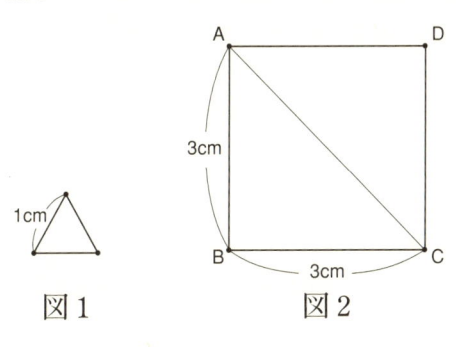

図1　　図2

とこない。そして数学を用いて計算すると、その長さは $3\sqrt{2}$ センチだと判明する。この数は、昔のギリシャ人も示したとおり、いわゆる無理数である。つまり、二つの整数の比として表すことができない。ちなみに、英語で有理数は rational number、無理数は irrational number という。たしかに、rational は「合理的」という意味があるが、数学的には ratio（比）の形容詞で、「比の」が本来の意味だ。だから rational number は有理数ではなく、「有比数」とでも訳すべきであった。こうすれば、無理数は「無比数」となり、無理な雰囲気も薄れて、ちょっとは数学嫌いも減ったかもしれない。

　ここでは、ルートや無理数はもちろん、分数も忘れよう。これからもっと単純な「マンハッタン距離」を導入しよう。マンハッタンは英語で Manhattan, New York（ニューヨーク）の中心部である。大半は碁盤の目のように整備してあって、avenue（大通り、街）は南北に、street（通り）が東西に走っている。しかも、それぞれに番号が付いている。だから方向音痴でも迷子にならなくて済むのだ。

　例えば、5th Avenue（5番街）と 42nd Street（42丁目）の角から、8th Avenue と 54th Street の角まで行き

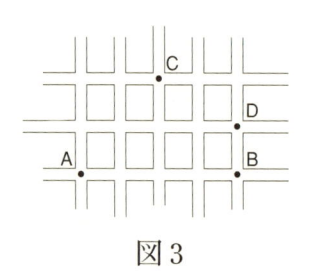

図3

たいなら。西へ3 block（ブロック）と北へ12 block 歩けばよい。この合わせて $3+12=15$ を、二つの角（頂点）のマンハッタン距離と定めるのである。

練習として、図3のAB, AC, ADやBC, BDのマンハッタン距離を求めてみよう。

どう、みなさんもできたかな。AからBまで東へ4ブロックなので、距離は4。AからCまで東へ2と北へ2ブロックなので、距離は $2+2=4$（ブロック）。AB間そしてBC間とも同じだ。同様にAD間、BD間の距離はそれぞれ5と1である。（この先単位は省略）

だから、三角形ABCは辺の「長さ」4の正三角形で、三角形ABDの3辺の「長さ」はそれぞれ4、1、5である。後者は何がおかしいのか。$4+1=5$、つまり3点A、B、Dは直線上にもないのに、平面幾何でお馴染みの三角不等式（三角形のどの辺の長さも残りの2辺の長さの和より小さい）が成り立たない。

実は、広義の三角不等式はマンハッタン距離に対しても成り立つ。これを説明しよう。（難しいと感じる読者は、飛ばしても一向に差し支えない。）

定理：どの3点X, Y, Zに対しても、XZ間のマンハッタン距離は、XY間とYZ間のマンハッタン距離の和以下である。つまり、一直線上（退化した三角形）ではない場合でも、等号はあり得るが、一辺の長さが残りの2辺の長さの和より大きくなることは絶対にない。

証明：マンハッタン距離を数学の概念としてではなく、普通に考えよう。すると、XY間の距離はXからYまでの最短の移動距離である。（但し

移動は上下左右だけで、斜めはだめ。）すると、XZ間の距離を考えるとき、Xから最短の道でYまで、そしてYから最短の道でZまで行くことができる。この移動の長さは、XY間とYZ間のマンハッタン距離の和に等しい。もっとも、XZ間にはもっと短い移動の仕方もあるかもしれない。XZ間のマンハッタン距離、つまり最短の移動の長さは、XYとYZ間のマンハッタン距離以下であることが証明された。

　次に文字列、つまり単語と単語の距離について考えてみよう。実は、これに対する研究が最初に起こったのは60年程前のニューヨーク、NTTのアメリカ版 AT & T（American Telephone And Telegraph）の Bell Laboratories（ベル研究所）であった。余談になるけれど、ベル研究所で僕も数年間顧問として働いたことがあるが、その頃はすでにニュージャージーに移っていたので、マンハッタンに住んでいた僕は片道2時間の通勤に耐えながら研究していた。当時のリーダー役は、デジタル通信の父とも言われている Shannon（シャノン）博士で、何年か前に日本の京都賞（ノーベル賞の日本版）も受賞した方である。彼らが築いた理論はいわゆる符号論で、通信で送った文字列の一部が間違って伝わっても、それを修復可能にするためにどうすれば良いかを研究する学問であった。一番簡単な例を紹介しよう。

　相手に一文字だけの簡単なメッセージを送りたいとする。しかし、通信の途中でその文字は他の文字に変わる可能性もある。ただし、それは多くても3回に1回しか

起こらないと仮定しよう。

この場合、メッセージの文字が例えばBなら、BBBを送信すれば良い。途中で異常がなければBBBが届いて、相手は何も迷わずメッセージはBだったと分かる。では、一部が間違って伝わる場合はどうか。3文字の内、変化が起こるのは一カ所だけだから、相手の方へ届くメッセージはABB, CBB, DBB, やBEB, BFB, またはBBR, BBSのように、伝えたい文字が2個、間違った文字が1個ある。あらかじめ、多い方の文字がメッセージだと決めておけば、こんな時もメッセージはBだと簡単に分かる。

しかし、このやり方だと送りたいメッセージの3倍の長さのメッセージを送信しなければならないので、非常に効率が悪い。かなり高度な数学を用いれば、もっと効率良く、間違いに強い送信システムを開発することができる。数学のこの分野を「暗号理論」と言う。それに興味がある読者は、その関連の専門書を見て欲しい。

ここではただ、(3-CONNECTとも関連のある) 文字列の上の幾何学を紹介しよう。

同じ長さの文字列二つを考える。例えば、ABCDEとACBXY。

二つの文字列の距離は、異なる文字がある個所の個数と決める。上の例の場合は一番目の文字、Aが等しいけれど、残りの個所（2, 3, 4, 5番目）は全部異なる。だからABCDEとACBXYの距離は4である。たしかに、両方の文字列にBもあるが、ABCDEの場合は2番目、ACBXYの場合は3番目にある。Cの場合も同じだ。だから、距離は4より小さくはならない。

> コラム

この距離を考えついたのは、シャノン博士の部下であった Hamming 氏だったので、世界中で「ヘミング距離」と呼ばれている。ちょっと 3 文字の単語で練習しよう（図 4 参照、この図ではヘミング距離 1 の単語同士を線で結んだ）。10 個の単語 ARE, ART, BAT, BAY, BOY, BUY, BUT, CAT, CUT, ILL を考えよう。最後の ILL と他の全てのヘミング距離は 3 である。共通している文字さえないので、これは明らかだ。記号を用いて、ARE to ILL ＝ 3、BOY to ILL ＝ 3 などと書くことにしよう。3 番目の文字だけが異なるので、ARE to ART ＝ 1。同様に BAT to BAY ＝ BAY to BOY ＝ BOY to BUY ＝ BUY to BAY ＝ 1 だ。一方、BAY to BUT ＝ BUT to CAT ＝ CAT to BAY ＝ 2 である。また、ARE to BOY ＝ BOY to CUT ＝ CUT to ARE ＝ 3 となる。だから、BAY, BOY, BUY も、BAY, BUT, CAT も、そして ARE, BOY, CUT も（ヘミング距離での）正三角形を作っている。

平面や空間ではとても考えられないが、ABC, ABD, ABE, ABF, … , ABX, ABY, ABZ の 24 個の 3 文字の文字列について、どの二つのヘミング距離もちょうど 1 である。ヘミング距離に対しても、三角不等式が成り立つ

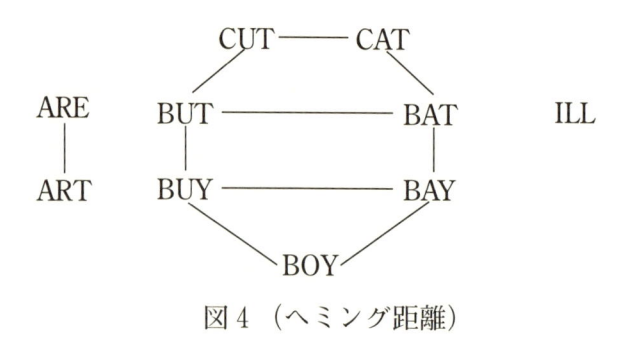

```
         CUT ── CAT
ARE    BUT ────── BAT      ILL
 │
ART    BUY ────── BAY
              BOY
```

図 4 （ヘミング距離）

ている。だから数学的な視点から言えば、これも立派な距離だ。

この本でやっているゲーム 3-CONNECT の場合は、もっと複雑だ。全ての文字列ではなく、その中のほんの一部（よく使われている英単語 250 個）しか考えていない。これら 250 個を設定してから、距離を考えよう。最も自然な距離概念は「一つの単語から二つ目の単語へ辿り着くために必要な変化の数」である。例えば、ARE から ART まで行くためには、E を T に替えるという一つの変化で十分なので、この二つの単語の「ゲーム距離」は 1 に定まる。記号では、ARE 〜 ART ＝ 1 と書くことにしよう。同様に、BOY と BUT では BOY — BUY — BUT の変化列があるから、BOY 〜 BUT ＝ 2 となる。また、BAY と CUT では変化列 BAY — BUY — BUT — CUT によって、BAY 〜 CUT ＝ 3 である。今までの距離は、全部ヘミング距離と同じである。

では、ARE と BAY の「ゲーム距離」はどうだろう。ARE to BAY ＝ 3 だが、ARE から BAY まで三つの変化ではとても辿り着くことができない。実は、一番短い変化列は ARE — ARM — AIM — HIM — HAM — HAT — BAT — BAY の七つの変化の列である。七つの変化で他のやり方もある。例えば、ARE — ARM — AIM — AID — DID — DAD — DAY — BAY。しかし、6 回以下の変化ではどうしても辿り着けない。だから ARE 〜 BAY ＝ 7 である。

ILL を考えるともっと不思議なことが起こる。付録の単語リストに載せた 250 個の単語の内、ILL を 1 回変化

させて、辿り着けるのは ALL だけだ。また ALL から 1 回の変化で辿り着けるのは、ILL 以外にビールの一種の ALE しかない。だから、ILL 〜 ALL = ALL 〜 ALE = 1。しかも、ある単語（例えば BAY）から ALE までのゲーム距離が分かれば、ALL までのゲーム距離はそれより 1 多くて、ILL までのゲーム距離はちょうど 2 多くなる。上の ARE 〜 BAY = 7 を用いれば、ALE 〜 BAY = 8 になるわけだ。同様にして、ALL 〜 BAY = 9、ILL 〜 BAY = 10 も言えた。

　しかし、ゲーム距離には一つの欠点がある。それを紹介するために、文字通り非常によく使われている英単語 USE を考えよう。USE と ARE は共に三つ目の文字が E なので、USE to ARE = 2 だ。では、ゲーム距離 USE 〜 ARE はどうだろうか？ USE のどの文字を変えようと思っても、なかなか（略語以外の）英単語は得られない。実際、USE を他の英単語と結ぶことは不可能である。従って、USE と他の単語のゲーム距離は定めようがない。USE はこのゲーム距離に対して、いわゆる「孤立点」なのだ。

　USE 以外にも、5 個の孤立点がある：ASK, ITS, KEY, OFF と YOU。特に YOU は世界中のほとんどの人が知っているほど有名な単語なのに、現代英語で使われているどの単語とも結びつかないのは、不思議なものだ。

　そして図 5 の五つの単語に対しては、互いにゲーム距離を定義できる。例えば、OWN 〜 OWE = OWE 〜 ONE = OWE 〜 OWL = 1、OWN 〜 ONE = OWN

〜 OIL = OWE 〜 OIL = 2、ONE 〜 OIL = 3 である（ONE と OIL に対する変化列は、図 5 から分かるように、ONE — OWE — OWL — OIL である）。

しかし残りの 245 語までは、どうしても辿り着くことができないのだ。

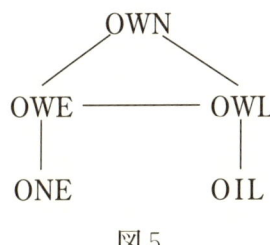

```
            OWN
           /   \
      OWE ————— OWL
       |         |
      ONE       OIL
```

図 5

まとめると、変化して辿り着くのが可能かどうかによって、250 語を 8 個のグループ（数学的な言葉では connected components（連結部分））に分けることができる。まず、自分以外の言葉と結ぶことが不可能な単語（孤立点）が六つある：ASK, ITS, KEY, OFF, USE, YOU。

そして先の、OIL, ONE, OWE, OWL, OWN の五つの単語が構成するグループ。

8 個目のグループには、残りの 239 個の単語すべてが入っている。想像上で、これらも図に描いて、しかも図中で 1 文字違いの単語同士を線（数学用語で辺と言う）で結ぶと、二つの単語のゲーム距離は、一つから二つ目まで辿り着くために通過しなければならない線の（最小）数、言ってみれば、最短の道程である。つまりゲーム距離は、この独特の道路網に対するマンハッタン距離であると言える。

一方、普通のマンハッタン距離やヘミング距離はとても計算し易いけれど、ゲーム距離はそうでもない。逆に言えば、そこまで簡単ではないからこそ、面白いゲームになるのだ。

ところで、コンピュータを使うとゲーム距離も計算し易い。初めに出発点となる単語を一つ選ぶ。例えばOLDとしよう。これをレベル0と呼ぶことにする。次に、これと1文字違いの全ての単語をレベル1に入れる。OLDの場合はODDだけだ。レベル2に来るのは、未だ書いていない、レベル1の（少なくとも）一つの単語と線で結ばれている（つまり、1文字違いの）単語である。ODDはADDとしか結ばれていないので、OLDの例ではレベル2に来るのはADDだけである。レベル3に来るのは、ADDと結ばれているANDとAID。レベル4に来るのはANDかAIDと結ばれている（未だ出現しなかった）ANY, ANT, AIM, AIR, DID, RIDの六つである。このようにすれば、各単語のOLDからのゲーム距離は、現れるレベルの番号と一致する。例えば、DADは次のレベル、レベル5で現れるので、OLDとDADのゲーム距離はOLD〜DAD＝5である。このやり方ではOLDとDADを結ぶ変化列も読み取れる：OLD ─ ODD ─ ADD ─ AID ─ DID ─ DAD。毎回手でやると疲れるが、コンピュータではあっという間にできる。

では、コンピュータを用いてこの239語のゲーム距離を調べた結果、おもしろい事実をいくつか発見したので、

ここで報告しよう。

一番長い(ゲーム)距離(数学用語で直径)は 14 である。距離が 14 のペアは二つだけある。EGG 〜 FLU = EGG 〜 EVE = 14。

不思議なことに、EGG と EVE のヘミング距離は、たったの 2 だ：EGG to EVE = 2。つまり、ヘミング距離で判断すれば近いように思われる。しかしながら、ゲーム距離では一番遠く離れている 2 語である。

ちなみに EVE(イヴ)と FLU(インフルエンザ)の距離は 11：EVE 〜 FLU = 11。この 3 語は二等辺三角形を作っている(図 6 参照)。

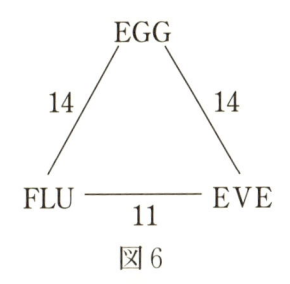

```
         EGG
      14 /  \ 14
        /    \
     FLU ―――― EVE
           11
```

図 6

この 239 語に対して、中心(center)を定義しよう。どのほかの単語とも、半径 7 (直径 14 の半分)以下の距離にあるような単語のことを、中心と呼ぶことにする。このとき、なんと中心は二つある：AID と HIM だ。EGG 〜 AID = EGG 〜 HIM = 7 と同様に、 EVE 〜 AID = EVE 〜 HIM = FLU 〜 AID = FLU 〜 HIM = 7 が成り立つ。

AID と HIM 以外に中心はない。つまり、残りの単語には 8 以上のゲーム距離にある (239 語中の) 単語が必ず存在する。日常的な「距離」では、中心が二つも存

在することはないが、ここでは中心が二つもある。これもゲーム距離の面白さの一つだ。

EGG からのレベル分割をすると、レベル1に EGO（自我）、レベル2に AGO（前に）、レベル3に AGE（年齢）だけがある。レベル4に来るのは、ACE, ALE, ARE, ATE の四つの単語だ。これら以外の全ての単語と EGG のゲーム距離は、5以上になる。

ここに現れた5語組：ACE, AGE, ALE, ARE, ATE は、最初と最後の文字（A と E）を共通にして、どの二つの距離もちょうど1である。そして、これらから三つの「尻尾」が出ている（図7参照）。ILL は ALL とだけ結ばれていて、ALL は他には ALE としか結ばれていない。まずはこれが一つの尻尾だ。次に、先ほど説明した AGE を接点とする尻尾 AGE − AGO − EGO − EGG。そして、ACE を接点とする尻尾 ACE − ICE − ICY の三つである。

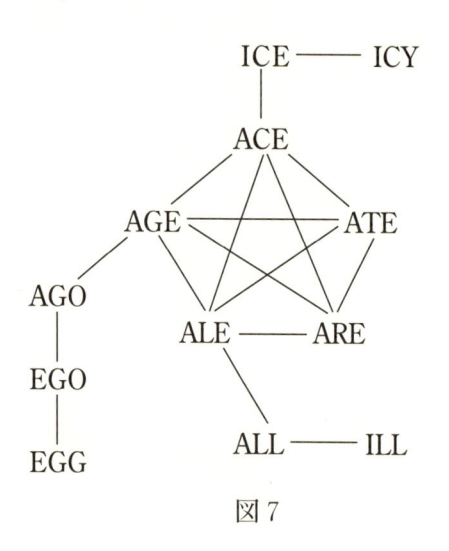

図7

ゲーム距離の面白い性質の一つとして、たった1個の単語を加えることによってゲーム距離が劇的大変化を起すことがある。例えば、YES の意味を持つ AYE を 251 語目に加えてみると、EGG と EVE の距離は 14 から 6 に減るのだ：EGG ― EGO ― AGO ― AGE ― AYE ― EYE ― EVE。元々の変化列 EGG ― EGO ― AGO ― AGE ― ARE ― ARM ― AIM ― AID ― RID ― RED ― BED ― BEE ― BYE ― EYE ― EVE に較べると、かなり激しい変化である。

倍率としてもっと大きい変化もある。元々 AGE 〜 EYE = 10 であった：AGE ― ARE ― ARM ― AIM ― AID ― RID ― RED ― BED ― BEE ― BYE ― EYE。しかし、AYE を加えると、その距離が 2 になってしまう：AGE ― AYE ― EYE。

このような急激な変化は、アメリカ大陸航路を考えれば理解しやすい。ロサンゼルス（Los Angeles）からニューヨーク（New York）まで船で行くのに、昔は南米大陸を大きく外周する必要があった。ところが、パナマ運河（AYE）が開通することにより、航路は大幅に短縮されたわけだ。

AYE を加えても直径は変わらない。EGG 〜 FLU = 14 が残るから。

一方、AGE を削除すると、EGG, EGO, AGO の三つの単語も最大グループから消えるが、残りの 232 語の距離関係はほとんど変わらない。

また、「鉱石」の意味の英単語 ORE を 251 語目として加えると、図 5 で示した component（連結部分）がなくなり、ONE ― ORE ― ARE のように、メインの

(239語の) グループとつながるのだ。しかし、ORE はそこまで知名度が高い英単語ではない。だから加えることを見送った。

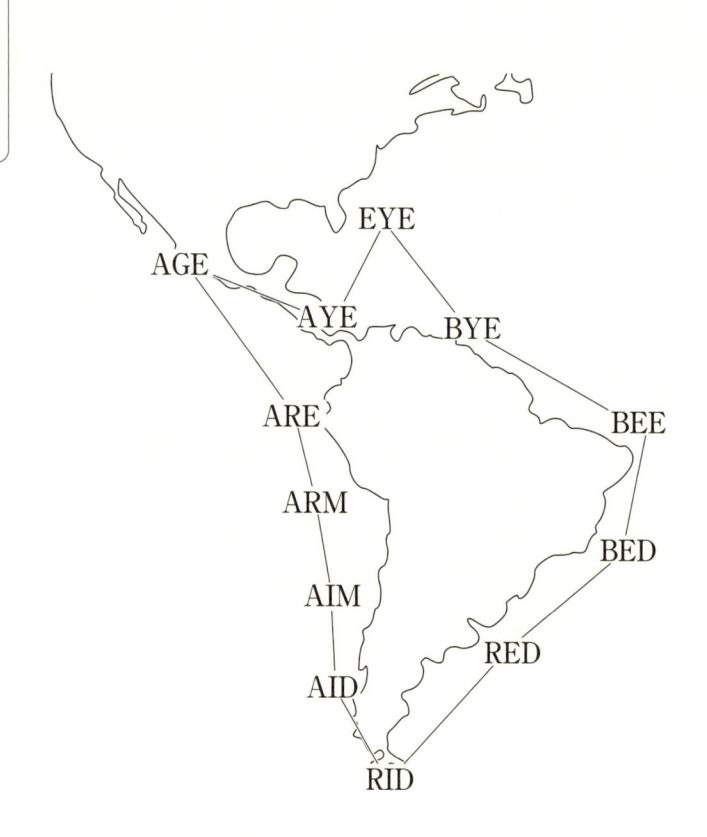

コラム

EYE
AGE
AYE BYE
ARE BEE
ARM
AIM BED
RED
AID
RID

中級編

3 - CONNECT
(INTERMEDIATE 1)

まず最初に、3-CONNECT の問題からやってみよう。やり方は初級編と同じで、単語を一字ずつ変えて上の単語と下の単語を結ぶ。初級よりちょっと難しくなるが、二つの単語に同じ文字があるのでまだまだ簡単だ。いずれも間に単語が二つ入って結ばれる。答えが一つとは限らないので要注意。

1.
B	A	R
M	A	N

2.
P	A	Y
T	A	X

3.
N	E	T
F	E	E

4.
C	A	R
G	A	S

5.
J	O	Y
W	O	E

6.
C	A	T
P	E	T

7.

H	I	T
O	U	T

8.

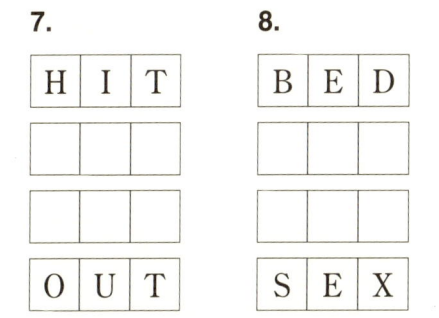

B	E	D
S	E	X

ピーターからの一言

1. BAR は日本語でも使われているバー（飲み屋）の英語のつづりである。日本中の看板でもよく見かける。他にも色々な意味があるが、ここでは、あと一つだけ紹介しよう。BAR は、細くて長い金属の棒でもある。器械体操の「鉄棒」は英語で horizontal bar、「平行棒」は parallel bars である。そして behind bars は鉄格子の後ろ、つまり「牢屋」の中の意味だ。BAT は「野球のバット」以外に、「蝙蝠（こうもり）」の意味もある。十数年前にヒットしたアメリカ映画 BATMAN を覚えている読者も多いだろう。MAT もテーブルマットなどのマットとして、日本人に馴染み深い。BAD は good の反意語で、説明も要らないだろう。

　MAD は本来の意味「気の狂った」よりも、他の場面で使われることの方が多い。会話を柔らかくすることができる、簡単な表現を二つばかり紹介しよう：He is MAD about soccer.（熱狂的なサッカーファンである）、Don't be MAD at me.（私に怒らないで）。では例文だ：

When the MAN came home from the BAR, the cat was peeing on the MAT. He got MAD and beat her BADLY with his BAT — what a BAD MAN!（男がバーから帰ってきた時、猫はちょうど絨毯（じゅうたん）におしっこをしていた。彼は怒って猫をバットでひどく殴ってしまった、悪い人だな）

2. TAX － PAX － PAY と考えた人がいるかもしれない。けれども PAX（平和）は英語ではなくラテン語だ。現在、英語では PAX AMERICANA（アメリカの世界支配の下での国際平和）として使われるけれど、これの語源は2000年前のローマ帝国に対して言われた PAX ROMANA である。

　TAX は「税金」または「税金を課す」の意味。所得税は income TAX で、消費税はアメリカでは sales TAX（物品税）で、英国（やヨーロッパ）では VAT（付加価値税— value added TAX）である。日本では輸入品に対して払う「関税」にも「税」が登場するけれど、英語では TAX ではなく、duty free shop（免税店）でお馴染みの duty と呼ぶ。

　SAX は SAXOPHONE の略だが最近の日本でも短く、「サックス」と呼ばれている。では例文：The SAX players SAY they do not PAY any income TAX.（サックスの演奏者は、所得税を一切払っていないと言っている）

　日本語の「道」には、道路以外に茶道、武道の道の意味もある。英語の WAY も同様だ。例えば、フランク・シナトラの有名な歌 My WAY もこの二つの意味をかけ

ている。また、Let me do it my WAY.（私のやり方でやらしてちょうだい）はよく使う表現だ。

WAX（ワックス）はスキーをやる人なら皆知っている。世界の著名人にそっくりの WAX figure（蝋人形）を、Madame Tussaud の博物館で見たことのある日本人も大勢いるだろう。ではもう一つの例文を紹介しよう：Is there a WAY not to PAY the sales TAX on the WAX ?（ワックスに対する消費税を払わない方法があるの？）

3. NET には「手取りの」（例えば、NET income）や「正味の」（例えば、NET weight）の意味もある。

FEE は「料金や報酬」の意味で、admission FEE（入場料）は映画館、コンサートの会場などでよく見かける言葉だ。

BEE は蜂、蜜蜂の意味だが、日本語の「虻（あぶ）蜂取らず」は英語で全然違う、to fall between two stools（二つの椅子の間に落ちる）となる。一方、虻は wasp だが、これを大文字で書くと WASP = White Anglo-

Saxon Protestant（イギリス系のプロテスタントの白人）に変わる。では例文だ：I BET you don't know what the NET FEE is for keeping a BEE.（蜂を飼うための費用は君は絶対知らないだろう）

4. CAR は「車、カー」である。WAR は「戦争」の意味だけれど、日本中の祭りでよくある「綱引き」を英語で tug of WAR というのも覚えてください。その中の tug は「引く、引っ張る」の意。

　GAS は学術的には solid（固体）、liquid（液体）と並んで、「気体」の意味だ。一方、家庭で使う GAS stove（ガスストーブ）の GAS（ガス）や人間の体から出るガス（おなら）の意味でも使われる。また、GASOLINE（ガソリン）を短くして GAS と言うことも多い。だから GAS pedal は「アクセル」の、そして step on the GAS は「アクセルを踏む」の意味をもつ。

5. JOY は「うれしさ、楽しさ」の意味で、JOYFUL（うれしい、楽しい）や家庭用テレビゲームでおなじみの JOYSTICK（操作レバー）の語源でもある。反対語は sorrow だけれど WOE（苦悩、悲哀）も対極的な言葉である。ちょっと古臭い表現だが、WOE is me!（あら、悲しい！）を使うと、「英語が上手だな」という印象を与えることができる。

　PAD は日本語でも「パッド」として、洋服の shoulder PAD（肩パッド）などの意味で使われる。しかし学生にとって PAD は writing PAD（ノート帳）としての使い方が一番だろう。

6. CAT － PAT － PET と結んだ読者もいると思うが、PAT（軽くたたく）は3文字英単語リストには載っていないので不正解となる。CUT（切る）とPUT（置く）は高校生も知っているだろう。HAIRCUT（ヘアカット）は日本語にもなっているほどだ。残念なことに大変悲しいpay CUT（ペイカット、給料の引き下げ）も耳にするようになった。PUTと言えばOUTPUT（アウトプット、生産高）も日本語になっている。

7. HUT（小屋）を使えばHIT － HUT － OUTとなるが、HUTは付録の3文字英単語リストにない。

8. BED（ベッド）が日本語になっているように、FUTON（布団）は欧米でも通じるようになった。かなり無理矢理だがここでも短く結べないわけではない：BED － SED － SEX。「SED」はスペイン語で「のどの渇き」、またラテン語で「しかし」の意味。まあ、こんな解答も許せば本当に切りがない！

3 - CONNECT
(INTERMEDIATE 2)

同じ、3-CONNECTの問題だが、少しずつ難しくなってくる。ここでの問題は、単語と単語の間に二つあるいは三つの単語が入って結ばれるものだ。それでは次の問題をやってみよう。

1.

A	I	D
T	I	E

2.

P	O	T
P	A	N

3.

Y	E	N
W	O	N

4.

S	A	W
W	A	S

5.

D	O	T
C	O	M

6.

O	U	R
G	U	Y

7.

R	E	D
P	E	N

8.

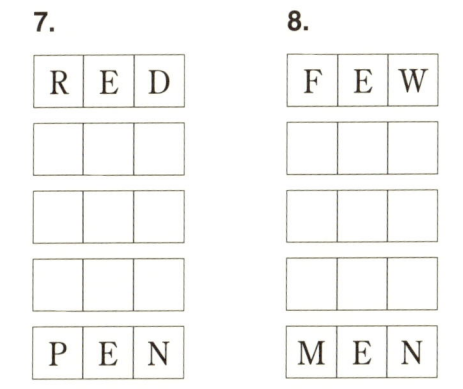

F	E	W
M	E	N

ピーターからの一言

1. AID は「手伝う、助ける」、また名詞として「援助、援助者」の意味である。FIRST AID は「応急手当」の意味。AID の複数は AIDS であるが、難病の AIDS（Acquired Immune Deficiency Syndrome の略）とは関係がない。

DIE は「死ぬ」の意味が最も一般的だが、My TV DIED.（テレビが突然動かなくなった）のようにも使える。映画の題名 Never Say DIE（弱音を吐くな）も有名である。例文：

Many people DID DIE because the AID was TIED to reforms.（援助は改革がなければ行わないものだったので、多くの人が亡くなった）。残念ながら、国際政治の場ではこのようなことがよくある。

2. POT も PAN（FRYING PAN）も「料理用の丸い入

れ物」だ。POTの方が頻繁に出会う単語だ。TEAPOT（ティーポット）やFLOWERPOT（植木鉢）と並んで、MELTING POT（坩堝（るつぼ））も覚えると良い。New York is the MELTING POT of the human race.（ニューヨークは人種の坩堝である）は、少し前まではよく聞いた文である。決して過言ではない。けれども最近では、自分のルーツを大事にして、自分の文化の特徴を活かした方が良いとされている。meltは「溶かす」の意味だと考えれば、以前の理想ではニューヨークは様々の文化の煮込み（stew）であったが、これからはmixed salad、そのまま混じって、多少味付けをされた「料理法」に変わるのだ。

3. YENは日本の、WONは韓国の通貨である。WONは漢字で書くと中国のYUANと同様、「元」となる。この数年間 One YEN is about TEN WON.（1円は大体10ウォンである）なので、解答にはぴったりだ。TONは、

日本語でも重さの単位「トン」である。

世界中で1トンは1000キロで、2240ポンドであるにもかかわらず、アメリカでは未だに2000ポンドと計算されている。確かに2240より覚え易いけれど、この問題の本当の原因は、アメリカがなかなか世界標準であるメーター、キロ、リットル制度に切り替えようとしないことである。

ついでにYENを使う面白い表現も紹介しよう。have a YEN for somethingは「何かを熱望する」。ちょっと面白い使用例：

I have a YEN for an icecream but I do not have 300 YENS for it.（アイスはすごく食べたいけれどそのために300円は払いたくない）

では例文：

If one YEN buys TEN WON, then how much does a TON of one YEN coins buy?（1円の価値を10ウォンとすれば1円玉1トンは幾らになる？）。ついでに答えも載せよう。1円玉は丁度1グラムだから、1トンは1000×1000＝100万枚となる。これは1千万ウォンとなる。例文：A TON of YEN buys TEN million WON.（円1トン分で1千万ウォンを買える）

4. SAWはSEEの過去形であり、世界中の公園でよく見かける遊び、SEESAW（シーソー）の語源になっている。SAWには「鋸（のこぎり）」の意味もある。例文：

Did you SAY it WAS snow that you SAW on the WAY home?（帰り道に雪を見たって？）

5. DOT-COM は「.com」の読みである。以前にも説明した通り、インターネット企業全体を指すことも多い。HOT は「熱い」だが、HOTSHOT は「やり手」の意味だ。COW はもちろん「牛」である。COWBOY（カウボーイ）は西部劇から日本人にもお馴染みだろう。この単語には（俗語として）「悪徳商人」の意味もある。例文：

HOW come the COWBOYS of yesterday are the HOTSHOTS of DOT-COM today?（過去の悪徳商人が今のインターネット企業のやり手であるのはなぜか？）

別解答に対する例文：Nowadays all DOT-COM people say "NOT NOW" to buying a COW.（インターネット企業に働いている人々は最近、牛を買うことに対して「今は結構」と口を揃えるのだ）

または：Holy COW! A LOT of the DOT - COM shares are so LOW by now.（いやだ、今になってたくさんのインターネット企業の株価はすごく安い）

6. GUY 以外は誰でも良く知っている単語だと思う。GUY は「やつ」で、アメリカなら非常によく使われている。例えば、He is a good GUY.（良いやつだ）。それとも、パーティなどの会場で、皆に向かって You GUYS, would you care for some beer?（皆さんビールはいかがですか？）と言うのも良い。GUY は男だけれど、複数になると女性がいる場合でも使われる。では例文：

OUR GUY tried to BUY him OUT of the company, BUT he refused.（仲間は、会社の彼の所有分を買い取ろうとしたが断られた）

3文字英単語リストに載っていない FUR（毛皮）を

用いると同じ長さの別の解答ができる：OUR － FUR － FUN － GUN － GUY。

7. RED（赤）は目立つ色だから、世界中の先生は学生のレポートを RED PEN（赤ペン）で添削する。一方、日本や韓国では RED PEN で宛名書きをしたり、サインをしたりするのが不吉である。なぜなのか？ぼくは中学生の頃、好きな女性に宛てた手紙を全部恋の色、赤で書いた。返事が来なかったのは内容より色が原因だったのか？では例文：

I found the RED PEN beside my PET in the BED. （赤いペンはペットの隣でベッドの中にあった）Were all the sheets RED？（シーツも真っ赤だった？）You BET.（勿論だとも）

8. MET は MEET の過去形である。パーティなどで、見た覚えのない人に対して Have we MET before? と言うのはなかなか便利である。日本語の「初めまして」と

違って、もし過去に会ったことがあっても失礼ではない。その場合、相手はおそらく Yes, we MET last year at the Japanese Embassy.（ええ、去年日本大使館で会ったでしょう）のように答えてくれるだろう。また、初めてなら No, my name is Peter.（いいえ、ピーターです）のように答えて、握手するように手を伸ばすだろう。

　日本の芸能界では皆、深夜に会っても「お早うございます」と挨拶する。その原因は年がら年中たくさんの人にあっていると、この人に以前も会ったのかを忘れてしまうからだと聞いたけれど、やはり不思議だ。

I have MET a FEW good MEN who could SEW a pillow SET.（何人かの枕セットを縫うことのできる良い男性に会ったことがある）。

　上の例文を読んで笑うアメリカ人もいるだろう。US Marines（米海兵隊）の新兵募集ポスターには Looking for a FEW good MEN（何人かの良い男性を募集中）と書いてあるから。しかし違う国に住んでいて、目や耳に入る情報が異なると難しい。僕の伯父は1957年にハンガリーから英国へ亡命した。歯医者だった彼は、英国人と毎日接していて、英語の上達も早かった。しかし英国の喜劇を観て笑えるようになったのは30年後のことである！

ANAGRAM
(EASY)

　読者の皆さんは、Anagram（アナグラム）という単語をあまり知らないかもしれない。これは、ある単語の文字を並び替えてできる文字列のことである。もちろん、その文字列は（ある程度の）意味がないとAnagramは面白くないだろう。実は、数学的に言っても、良いアナグラムを作るのは決して簡単ではない。「元の単語の全ての並び替えを調べればできるのではないか」と思ったら、それはとてもアマイ！例えば、10個の相異なる文字でできた単語の並び替えが全部で何通りあるのか、考えてみよう。

　先ずは、どの文字を頭文字にするのかに対して10通りの可能性がある。その次の文字については9通りの可能性があって、三つ目の文字については8通り。もう皆さん数学の授業で学んだ「順列」を思い出したかな？

　異なる10文字の単語の並び替えが全部で10！（読み方は10の階乗）、つまり $10 \times 9 \times 8 \times 7 \times 6 \times 5 \times 4 \times 3 \times 2 \times 1 = 3628800$ もある。1秒に1個調べても、1000時間以上掛かってしまう！

　だから、面白いアナグラムを作るためには勘も根気も必要だ。これが理由なのか、欧米各国では昔から人気のある遊びとなっている。

　アナグラムの具体例を一つ挙げよう：vegetarian（菜

食主義者）と vinegar tea（お酢の入ったお茶）。後者はちょっと想像し難い飲み物だけれど、両方の言葉には v, g, t, r, n と i がそれぞれ1個ずつ、a と e が2個ずつある。つまり vinegar tea はきちんと vegetarian のアナグラムになっている。

それでも、vinegar tea から、vegetarian を当ててもらうことはすこぶる難しく、もうマニアの人達しかやりたくないゲームになってしまう。それに英語の勉強にもどのくらい役に立つのか疑問だ。そこで、ピーター流の楽しんで学ぶ方法として、この章の出題形式を次のようにしよう。

まず簡単な英文を与える：He is a ＿＿＿＿＿＿ ; he would rather drink **VINEGAR TEA** than eat meat.

そしてこの文章の ＿＿＿＿＿＿ に入る言葉を当てるわけだ。ただし、その言葉は文章中に大文字で書いた言葉のアナグラムとする。

文章をゆっくり読んで、理解すれば、_____ にどういう意味の単語が入るのか推測することができる。上の例の場合は、肉を食べるより（とてもまずそうな）お酢の入ったお茶を飲む方が好きな人のことである。これは肉を食べない人、つまり菜食主義者であると思い付けば、後は「菜食主義者は英語でなんと言うのか」と考えれば良い。日本語でも「ベジタリアン」と使うこともあるし、ほとんどの読者が頭のどこかにvegetarianが入っているはずだ。ただ多くの場合は英語のつづりではなく、カタカナで「ベジタリアン」としてである。でもヒントの大文字で書かれたVINEGAR TEAを利用すればたちまち正解のvegetarianを作れる。しかもこの作業を通してvegetarianの正しいつづりも覚えられる。

　とにかく_____について色々推測しながら、楽しくやってみよう。もっとも、この章のアナグラムは主に4文字の英単語の並び替えなので、我慢強くやれば読者の皆さんも確実に解けるだろう。それでも難しいときは、英文のあとの日本語訳を参考にしてほしい。さあ、問題だ。

1. **DEAR** Peter, I want to _____ your book.
2. My husband **BUYS** all the food because I am too _____.
3. Can you _____ me a map of Shibuya **WARD**?
4. Please **STOP** at the _____ office.
5. The success of your _____ is **TIED** to your will power.
6. He says that he killed a _____ with his **BARE** hands, but I don't believe it.

7. The company _____ me because I did not pay my **DUES**.
8. To install this _____ you need 10 **MEGA** bytes of memory.
9. Could you _____ this letter to **LIMA** for me?
10. _____ food contains all kind of bad **FATS**.
11. That _____ scratched my finger. Now it is **SORE**.
12. I wonder if one can live **ON ALE** _____ .
13. I love to take my _____ to the beach and ride along the **SHORE**.
14. After hearing that her husband was **SLAIN**, she finished cutting her _____ .
15. Do not **STEAL**! Or at _____ be careful!

(和訳)
1. 親愛なるピーターへ。あなたの本を _____ たいのです。
2. 私は _____ すぎるので、食べ物は全部夫が買います。
3. 渋谷区の地図を _____ てくれませんか？
4. _____ 局で止まってください。
5. _____ が成功するかどうかは、あなたの意志の力次第だ。
6. 奴は素手で _____ を殺したなんて言っているが、僕は信じないぞ。
7. 会費を払わなかったので、会社に _____ された。
8. この _____ をインストールするには、10メガのメモリーが必要だ。

9. このリマまでの手紙を、＿＿＿＿＿＿してくれますか？
10. ＿＿＿＿＿＿フードには、各種の脂肪分が含まれている。
11. あの ＿＿＿＿＿＿ で指をひっかいてしまった。痛いよ。
12. エール ＿＿＿＿＿＿ 摂（と）らないで生きることは可能かな。
13. ビーチまで ＿＿＿＿＿＿ に乗って行き、海岸沿いを乗馬するのが好きだ。
14. 夫が殺されたと聞いてなお、彼女は ＿＿＿＿＿＿ を切り続けた。
15. 盗みをするな！さもなくば、＿＿＿＿＿＿ 捕まらないよう注意しろよ！

ピーターからの一言

1. この問題は皆さんも簡単にできたはずだ。DEAR の最初と最後の文字を入れ替えれば READ が完成する。また、BOOK と聞いたら READ を連想するのもとても自然だろう。ちなみに英語の手紙の書き出し部分の DEAR は通常「親愛なる」と翻訳されるけれど、決してそこまで深い意味がない。全く知らない人に対する手紙でも「Dear Mr. Smith」のように書く。一方、語順を逆にした「Peter, dear」の場合は相手が自分にとってかなり親しい存在であることが前提だ。ついでに言っておくと、e-mail の場合は Dear を省略して単に「Peter,」とだけ書いて、改行して続けても失礼ではない。

2. 正解の BUSY とヒントの BUYS は、最初の2文字が一致しているからとても考えやすかったと思う。BUYS

は動詞 to buy の現在形（3人称）で、過去形は読者もご存知のように bought である。BUSY には「忙しい」以外にも「話し中」の意味もある。The line is BUSY. という形で用いられる。ちなみに business（ビジネス）の語源も busyness、つまり忙しさから来ている。日本人にとってはこれは納得のいく由来だろう。なにしろ、日本ではお互いに「最近忙しいですか？」（とくに関西では「もうかりまっか？」）などという表現を挨拶代わりに使っている。これは、ヨーロッパでは到底考えられない。おそらく、東洋では忙しいのは良い事だとみなされているのが理由だろう。僕にとって不思議なのは、いくら忙しい人でも、返事はたいてい「いえいえ」とか「普通です」となることだ。きっと謙虚さを美徳とする思想にもとづくのだろう。関西弁でも、いくら商売がうまくいっていても「ぼちぼちでんなあ」と応えるよね！

3. WARD という単語を知らなくても、その4つの文字で map に合う動詞を作ろうと思ったらもう DRAW しかない。ちなみに日本に来る前に僕にとって WARD の意味は病棟（maternity WARD ―産科病棟）や刑務所の中の「監房」だった。今でも区役所の英訳としての「WARD office」を見る時はちょっぴり悲しくなる。「日本では今でも国家が国民を監視、管理している」って！英米では WARD という単語が、街の一部を指すように用いられることはまずない。今からでも遅くない、他の単語に代えればよいと思う。僕の提案は DISTRICT だけれど、CITY でも TOWN でも TOWNSHIP でも、WARD よりは随分印象が良い。

4. STOPという単語の日本人に最も知られている意味は、交通標識に書いてある「止まれ」だろう。出題文のSTOPも「止まる」の意味だ。一方「やめる」の意味もある。STOP playing with the cat！は「猫と遊ぶのはやめて！」の意味で、使い易い動詞だ。POSTは名詞として郵便、動詞として「ポストに投函する」の意味だ。もっとも、アメリカだとPOST a letterよりもmail a letterの方が一般的だ。日本語の「ポスト」は英国のPOSTBOXから来ているのだろう。これもアメリカだとmailboxになる。ちなみにSTOPからのつづり替えで、あと二つの意味のある英単語が作られる：ポットの複数形のPOTSと何かを上回るの意味の動詞TOPの活用形TOPS。後者は独楽（こま）の複数形でもある。

5. 正解のDIETは日本語でもダイエットである。TIEDはto TIE（結ぶ）の活用形である。例文の意味は「ダイエットの成功はあなたの意志の力と結ばれている」つまり意志の力次第だということである。TIEDからEDIT

(編集する）も作れる。

6. 正解は BEAR で熊の意味だ。経済に興味がある方は BEAR を動物園からだけではなく株式市場の動きからもう知っているはずだ。市場（MARKET）が上昇傾向にあることを BULL（雄牛）MARKET と言い、下がり気味のマーケットを BEAR MARKET と言う。BARE は「裸の」の意味だ。かなりよく使われている単語で、例えば BAREFOOT は「裸足の」や「裸足で」という意味である。

7. SUE は訴える、告訴するの意味だ。例文中の DUES は会費、料金の意味である。まあ、会費を払わないからといって訴えられることは、たとえ訴訟が多いアメリカでも滅多にないだろう。DUES は DUE の複数形だけれど、DUE 自身には他の使い方も結構ある。例えば「何々のせいだ」は英語で It is DUE to ... となる。

8. 正解は GAME（ゲーム）である。これはかなり簡単だったと思う。日本語だと短くして「10メガ」や「2ギガ」と言うのが普通だけれど英語では MEGABYTE や GIGABYTE を使うのだ。

9. 正解は MAIL で「ポストに投函する」の意味だ。上にも言った通り、これはアメリカ英語であり、英国だと POST this letter になる。航空郵便の意味の Air MAIL やコンピュータ郵便の e-mail は日本人にも馴染みのある英単語だろう。ちなみに電子メールを頻繁に使う人達

の間で、普通の郵便を指す新しい単語が生まれた。SNAIL MAILである。このsnailはカタツムリの意味だ。確かに船便（Surface MAIL）も航空便（Air MAIL）も電子メール（e-mail）に比べてカタツムリのように遅いのだ。LIMAはPeruの首都、リマと書くと読者の皆さんもすぐ分かったと思う。

10. 正解はFAST（速い）で、slowの反意語である。FAST food（ファーストフード）はそのまま日本語化されている。FAST foodの複数形もFAST foodである。だから「FAST food contain ...」でも正しい英語なのだ。Not so FAST（ちょっと待て）という言い方も覚えて欲しい。相手が結論を出すのが早過ぎる等の時に使える。FASTには、断食や断食するという意味もある。だから、一日の最初の食事である朝御飯をbreakfast（文字通りに訳せば断食を破る）と言う。測ることができても数えることができないFAT（脂肪）は、OILやWATERと同じように複数形で使われることがあまりない。だから

工夫をして「all kind of」（各種の）を使ったのだ。

11. 正解は ROSE（バラ）で、これは SORE（痛い）の意味を分からなくてもその四つの文字からすぐ想像できるだろう。痛みに関しては日本語の方が英語より素直である。頭が痛くても歯が痛くても、のどが痛くても同じ「痛い」を使うのに対して、英語では have a headache と have a toothache があるが、have a throatache がない。have a SORE throat と言うのだ。

12. 正解の ALONE はここでは「だけ」の意味である。読者の皆さんは ALE を知っているかな？ 最近日本のスーパーでも良く見かけるようになった、ビールに似たアルコール飲料だ。ちなみに、日本語では同じ発音になっているエール（を送る、エールを交換する）の語源は、yell（叫ぶ）なので注意！

13. 正解は HORSE（馬）で ride からすぐ連想できると思う。動詞 to ride は、もともと馬や他の動物に乗る、乗馬するの意味だけだった。技術の発展によって自転車やオートバイも新しい交通手段として現れて、しかも、乗る姿勢は乗馬にかなり似ている。だから英語で ride a bicycle や ride a motorcycle と言うのだ。SHORE は主に海岸の意味である．

14. 正解は爪（英語で nail）の複数形の NAILS である。SLAIN は「殺す」（英語で slay）の過去分詞形だ。同じように殺すの意味を持つ単語としては、kill の方が知ら

れている。実は kill の方が広義なのだ。例えば、He was killed by a tiger. や She was killed in a car accident. の場合は、SLAIN とは言えない。SLAIN は殺害されるの意味しかないからだ。ちなみに「殺人」という行為は英語で manslaughter か murder と言うが、前者の語源は動詞 slay である。それにしても出題文の奥さんは夫婦愛に欠けている様子だ。

15. 正解は LEAST だ。英単語 at LEAST は「少なくとも」の意味で日本人にも馴染みがあると思う。STEAL はもちろん「盗む」の意味だ。Do not STEAL！（盗むべからず）は聖書にあるモーゼの十戒の一つでもある。念のために言っておくが、盗みは捕まらなくても悪いことだ。この出題文はただのクイズだから、ピーターからのアドバイス（advice）と思わないでね！

ASSOCIATION GAME
(FRUIT)

この章では果物を当ててもらう。ヒントは3つにする。次の問題の ☐ の中に果物名を英語で書いてほしい。

1. yellow, tea, sour
2. red, small, blossom
3. pink, sweet, hairy
4. red, fields, coneshaped
5. big, break, salt
6. orange, tropical, soft
7. yellow, monkey, curved
8. violet, wine, green
9. red, pie, round
10. green, sour, hairy
11. yellow, juice, big

ピーターからの一言

「最近ではグローバル化によって、どんな果物も、どんな季節でも、どこでも手に入る」というような話は皆さんもよく耳にすると思う。しかしこれはあくまでも先進国と、途上国に住んでいる一握りの金持ちの話である。例えば、この間キューバに行った時のことを紹介しよう。

今回の旅仲間は以前、東京大学で数学と、大道芸を教えた愛弟子、郡山幸雄（通称ユキ）だった。彼はフランスに留学中だったので「現地集合」だった。現地と書いたけれど、キューバではなく、飛行機で2時間ほど離れているコスタリカで落ち合って、コスタリカと陸続きのニカラグアを6日間大道芸しながら巡り、ハバナに向かった。ユキが一人でできる技の一番すごいものは、大きいナイフを juggling（ジャグリング）しながらりんごを食べることである。これこそ、老若男女を笑わせる大技だ。りんごはもちろん使い捨て（使い喰い？）であるから、毎日のように買わなければならない。日本人やヨーロッパ人にとって、りんごは最も一般的な果物だろう。僕も子供の頃から毎日のように食べている。日本に初めてきた時のことで、未だに鮮明に覚えているのは、スーパーに買い物に行って、数種類のりんごの山を発見したときの喜びである。「この国なら住めるな」と思った。しかし、中米は熱帯気候なので、りんごが採れない。コスタリカでも、りんご1個の値段はバナナ30本と等しかった。

さてさて、ハバナの昼下がり、暑さも和らいできたし、

ASSOCIATION GAME〈FRUIT〉

旧市街地に人通りの多い、車が入れない shopping street（商店街）も見付けたし、「では大道芸をやろう」と決めて、ピエロ服に着替えて、たくさんの道具で溢れんばかりのジュラルミン・ケースをキャスターに載せてホテルを出発した。目星を付けた「ステージ」の場所は、徒歩10分程だった。「途中でりんごも買おうね」と話した。スペイン語に自信がある僕、そして芸のために以前から manzana（スペイン語でりんごの意味）をしっかり覚えたユキ、方々で通行人や（ハバナで非常に多い）警官にそのマンツァナはどこに売っているのかときいた。大体の人は「知らない」、「分からない」と答えた。多少裕福そうな人にきくと、Harris Brothers に行きなさいと口を揃えた。しばらく探して、ようやく見つけた Harris Brothers、これは200万人都市、ハバナにある唯一のデパートのような店だ。古い4階建ての建物を外資で改築して、きれいにアレンジしたものだった。中に入ると冷房が効いて気持ちが良い。一階には食料品の売り場も4、5カ所あった。けれどもりんごはなかった。

最後の望みとして市場に行った。見たこともない熱帯の果物は色々あったが、りんごはそこにもなかった。そこでユキが選んだのはGuayava（日本語ではグァバ）だった。皮はこげ茶色で、中身は赤っぽくて、酸っぱくてかなりjuicy（ジューシー）だった。後から「なぜこれを選んだの」ときいたら、「割と硬くて、ジャグリングしやすいと思った」と答えた。

　ちなみにこのGuayavaは本来中身だけを食べるらしい。ユキは、ナイフが飛んでいる僅かの隙をぬって果物を食べるので、Guayavaの皮をむくなんて無理だ。でも典型的な日本人で、忍耐力が抜群である。険しい顔でGuayavaを皮ごと食べているユキ、そしてそのジュースが周りに飛び散る風景を初めて目にしたハバナ人は、経済的な苦しみ、日頃の問題を忘れて、思い切り笑っていた。ユキの苦労は報われたのだ！

　前置きがとても長くなったが、これを通して読者の皆さんも、ある果物を連想させるためには用いる単語も地域によって違ってくることが分かったと思う。まさに「所変われば品変わる」なのだ。

中級編

1. 日本にいて「レモン」という単語を最もよく耳にするのは、コーヒーショップで紅茶を注文して「レモンかミルクをお付けしますか」ときかれる時だ。僕が子供だった頃、ハンガリーでは、輸入品のレモンもオレンジもバナナもどれもかなり高かった。紅茶には、レモンの代わりにそれと似ている味の錠剤を入れたりしたものだ。レストランや喫茶店でも、オレンジやグレープフルーツのジュースよりずっと安かったレモネード（レモンや砂糖

で味付けされた水）が人気だった。ちなみに日本でまだ販売されている「ラムネ」の語源もレモネードらしい。日本に現れた明治時代、日本人の耳は英語（やドイツ語）に全然なれていなくて、lemonade が「ラムネ」に聞こえたらしい。

2. 大抵の日本人は3番目のヒント blossom だけでも cherry をあてたと思う。アメリカだと Washington D.C.の桜（cherry blossom）がある程度有名だが、ヨーロッパだと桃の花も、りんごの花も、みな桜の花と同じぐらい好まれている。残念なのは、日本の桜（ソメイヨシノ）は花が咲いても実がならないことだ。日本中の桜が果樹だったら、桜桃（さくらんぼ）の値段も欧米並みになって、もっと気軽に食べられるようになるのに！

3. 桃の色をピンクにしたのは、日本人のためだ。欧州の市場で販売されている、熟した桃は決してピンクではない。フランスだと20年前にも品種改革によってできた、毛のない桃（ネクタリン）の方が人気があった。

4. ビートルズの歌、Strawberry Fields Forever を知らない人には難しかったかもしれない。cone は icecream cone の cone で、「円錐」の意味だ。だから cone-shaped は「円錐形」である。同じように、例えば egg-shaped（卵形の）も使える。

5. 海辺で目隠しして西瓜（すいか）を割る遊びも日本独特である。西瓜に塩をかける欧米人も少ない。だから彼らにとっては、このヒントで watermelon を当てるのは、目隠しをしながら棒で西瓜を割るのと同じくらい難しいだろう。

6. 熱帯の（tropical）果物で最も知名度が高いのは、mango（マンゴ）と papaya（パパイヤ）だろう。僕がマンゴを初めて食べたのは 27 の時、東南アジアを旅した際であった。連想ゲームでは、マンゴとパパイヤの区別として seed と seeds、つまり種が一つか複数かをヒントとして挙げても良いだろう。

7. 熱帯の国を旅する時、今でも最もたくさん食べる果物はバナナである。安さもさることながら、皮が厚くて衛生状態が悪い所でも安心して食べられるのだ。栄養もたっぷりなので猿にも人気が高い。インドの遺跡の近くで、猿達と並んで座ってバナナを食べた時、猿は人間の兄弟だと強く感じた。

8. 皆さんは多分、wine だけでも葡萄（ぶどう）酒の元、grape を当てることができたと思う。violet（紫）と

中級編

ASSOCIATION GAME（FRUIT）　　111

greenは葡萄の代表的な色だよね。

9. 色といえば、りんごの代表的な色は赤である。もっとも、フランス人の多くはりんごと聞くと緑色を連想する。西瓜（すいか）でも、桃でももちろんround（丸い）けれど、同じ色のredがヒントになっていたイチゴとの区別のために、このヒントにした。

10. 25年前は、日本でもキウイがとても珍しかったらしい。共産党時代の東欧では、クロスワードパズルにしか登場しなかった。重さの割に高いとはいえ、現在は世界中に見かけている。中身の色がgreenであることは大きな特徴だろう。

11. どのコーヒーショップのメニューにも載っているジュースといえば、オレンジとグレープフルーツだろう。yellowでbigだから、正解はgrapefruitになる。

3 - CONNECT
(HARDER)

再度の 3-CONNECT だが、だんだん難しくなってくる。次の問題は二つの単語を結ぶ間に三つの単語が入る。答えは一つとは限らない。それではやってみよう。

1.

D	I	D
T	R	Y

2.

F	U	N
P	E	T

3.

M	A	D
C	O	W

4.

E	A	R
S	P	Y

5.

L	E	G
R	U	N

6.

S	H	Y
M	E	N

7.

M	E	T
H	I	M

8.

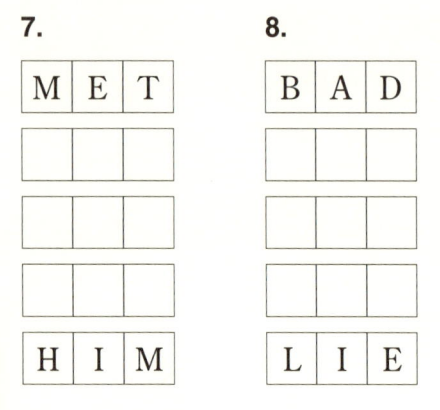

B	A	D
L	I	E

ピーターからの一言

1.「問題はできた？」と聞かれたら、皆さんどう答えるだろう？

できたならば Yes. か Sure I DID.（もちろんだよ）などがすぐ頭に浮かぶ。一方、できなかった場合にただNo. と言って頭を下げるのは、アメリカ人と接する際ちょっと情けない。やってみたけれどできなかったならば、I DID TRY. また、やろうともしなかったならば堂々と I DID not even TRY. と答えた方がアメリカ人らしい。

TRY には「やってみる、試食する、試着する」以外に「裁判にかける」の意味もある。例えば、He was TRIED for manslaughter.（殺人罪で裁かれた）。ちなみに「殺人罪で起訴された」は、He was CHARGED with manslaughter. となる。

DAY という単語には色々面白い使い方がある。考えてみれば自然だが、「四六時中」は英語で DAY AND

NIGHT と言う。また、比べ物にならない程違うことを「天と地」や「月とすっぽん」と言うが、英語では They are like night and DAY. となる。

　日本の会社の上司は「じゃ、今日はここまで」と言うけれど、これは Let's call it a DAY. と訳せる。他の表現に、Today is a great DAY.（今日はとても大切な一日である）や、It is not my DAY.（今日は全くついてない）、また Seize the DAY.（将来のことは心配しないで、今を思い切って楽しもう）などがある。Those were the DAYS. は「あの時は良かった」と懐かしい気持ちを表す表現だ。では例文だ：

　That DAY DAD DID wash my pants but he DID not TRY to DRY them.（あの日は父が僕のズボンを洗ったけれど、乾かそうとしなかった）

　ちなみに、このような少し難しい問題はどうやるべきか。DID から出発すると可能性がかなり多い、AID, DAD, DIE, DIG, KID, RID の合わせて6個の「隣り合う」言葉がある。どれを選ぶべきかかなり迷う。一方 TRY から出発すると、CRY, DRY, FRY, TOY の4個の可能性がある。二つのグループの間で共通の文字を持つペアは DAD & DRY, DIE & DRY, DIG & DRY の3組である。この中で DAD と DRY の間に DAY を入れると上の正解に到る。他の結び方がないかと残りの2組を調べると、DIY や DRE, DRG は英単語ではないので、最短の結び方の唯一性も確認できる。このように試行錯誤しながら解いてほしい。

中級編

3-CONNECT（HARDER）

2. この問題でも **1.** のやり方を実践しよう。FUN と PET と隣り合う 3 文字英単語を 2 列に書いて置く：

FAN	BET, GET, JET
GUN	LET, MET, NET
NUN	PEA, PEN, PER
RUN	PIT, POT, PUT
SUN	SET, WET, YET

　左列各語の最後の文字は N である。右列にも同じような単語、PEN がある。PUN（駄洒落）という単語を認めれば結ぶことにすぐ成功する。もっとも、その場合は FUN − PUN − PEN − PET というもっと短い解答もある。PUN は 3 文字英単語リストに載っていないが、フライパンの意味の PAN がある。これで一つの正解：FUN − FAN − PAN − PEN − PET の完成だ。これで満足しても良いし、他の正解を探し続けても良い。

　右列に 2 文字目が A である単語は無いが、PUT の 2 番目の文字は GUN, NUN, RUN, SUN と同じ U である。PUN は使えないので、結び方としては以下の 4 種類の可能性が浮かぶ。

　　GUN − GUT − PUT　　NUN − NUT − PUT
　　RUN − RUT − PUT　　SUN − SUT − PUT

この中の SUT は英単語ではない。また GUT（はらわた、勇気）と RUT（わだち）も 3 文字英単語リストに載るほどではない。正解として得られるのは、NUT を使った FUN − NUN − NUT − PUT − PET である。

　他の正解も探してみよう。頭文字の一致を通して候補に上がるのは、GUN & GET, NUN & NET, SUN & SET の三つである。これらを調べるともう一つの正解

FUN − NUN − NUT − NET − PET も見つけることができる。しかも最短の結び方はこの3通りしかないことも確実になる。

　ではこの問題に登場した単語を解説しよう。FAN は、熱心な愛好者つまりファンの意味と、団扇（うちわ）の意味がある。これをみてちょっと不思議に思う読者もいるだろう。なぜ FAN にはここまで懸け離れた二つの意味があるのか？ピーターの考えを紹介しよう。昔は鍛冶屋などがよく団扇（FAN）のような物で火を強くしようとした。だから FAN の動詞としての意味に「煽（あお）る」転じて「煽動する」がある。supporter（サポータ）は自分の贔屓（ひいき）選手やチームを煽るから、熱心なサポータを FAN と呼ぶことになったのだろう。いずれにしろスポーツ選手、作家、芸能人にとって、ファンの存在はとてもありがたいものだ。
　FUN は「楽しい」や「面白い」の意味。日本語では「遊ぶ」という、非常によく使われている動詞がある。

これをどう英訳するかと聞くと、ほとんどの日本人はplayと答える。僕は違う意見を持つ。「この週末は良く遊んだ」とThis weekend I played well.の英語での意味は全然違うのだ。英語の方は、土日の試合でFINE PLAY（ファインプレー）を重ねてきた野球の選手か、週末をスポーツ活動で楽しんだ一般人が、自分の功績を称えるように聞こえる。大多数の日本人にとって「この週末は良く遊んだ」の意味は「楽しいことを一杯やった」だろう。これは英語でThis weekend I had a lot of FUN.と言うべき。つまり「遊ぶ」の英訳としてはhave FUNの方が良い。

FUNの他の用例も紹介しよう：He is a FUNNY guy.は「面白いやつだ」の意味。He is an interesting person.よりずっと柔らかい表現だ。FUN and gamesは「楽しいことばかり」の意味で、次のように使える。Marriage is not all FUN and games.（結婚生活は楽しいことばかりではない）

NUNは「尼」だが、同じ意味でsister（本来はもちろん姉や妹の意）を使うこともある。もっともsisterは子供を産まなくてもmotherになれる（Mother Theresaのように）。一方本当にmother（お母さん）になると、sisterをやめないといけないのだ。

NUTは日本語の「ナッツ」の語源で、本来は胡桃（くるみ）の意味。チャイコフスキーのバレエ「胡桃割り人形」の題名は英語でNUTCRACKERだ。冬場に野菜や果物が少なかった昔のヨーロッパでは、冬の長い夜に暖炉を囲んで座って、胡桃を割って食べるのを楽しんだ。次の言い回しもおそらくそこから生まれた：This is a hard NUT to crack.（これはかなりの難題だ）。NUTSHELL は本来「胡桃の殻」だが、in a NUTSHELL は（NUT は小さいので）「要点だけ」の意味だ。例えば、to give you the story in a NUTSHELL は「一言で言えば」のきれいな英語表現だ。でも NUT には悪い意味もある：I am a NUT. は「俺はアホだ」になる。また go NUTS は「激怒する」である。PET は日本語でもペットだ。ただし英語だと「ペットのように、優しくしてあげる」意味の動詞としても使える。では例文だ：

The PET monkey had FUN stealing the NUTS from the NUN'S NET, but she went NUTS when she saw it.（ペットの猿は尼の網袋から胡桃を盗むことを楽しんでいたが、彼女は気が付いた時に激怒した）

3. MAD は前にもあったが、「気の狂った」の意味。だから「狂牛病」は英語で MAD COW disease である。それがこの出題のこころである。SAD は「悲しい」の

意味だけれど、日本語の「何かを悲しむ」に対して、英語では to be SAD about something と言うのも覚えて欲しい。SOW も以前に登場したが、念のために二つの意味を書いておく。「種を蒔く」と「雌豚」。では例文：

Even the SOW was SAD when she SAW that all the MAD COWS were dead. （狂牛が全部死んでいるのを見て、雌豚まで悲しんでいた）

別の解答についても手短に解説しよう。MAP（マップ）も CAP（キャップ）も MOP（モップ）も日本語化されている。COP は警官の意味で、映画の題名にもよく出ている。call the cops は「警察を呼ぶ」の意味になる。一時、警察官を俗に pig と呼ぶのが流行っていた。その頃のアメリカのポスターで幼い子供を救済する警察官が写っていて、下に Still some call them pig.（それでも彼らをブタと呼ぶ人がいる）と書いてあった。では例文：The COP put on his CAP and MOPPED the old MAP to see the place where the MAD COWS are traded. （警官はキャップを被って、狂牛が取引されている場所を突き止めるために古い地図をモップで拭いた）

4. EAR（耳）を使った面白い言い回しを教えよう。I am all EARS. は「君の話を良く聞くから、どうぞ話をして」の意味だ。Stewardess（スチュワーデス）をしていた友人から、次の話を聞いた。日本に帰る時の飛行機に 25 歳位のドイツ人が乗っていた。彼は英語で、日本語は全然できないけど知っている単語が一つだけあるとスチュワーデス達に話した。皆「さようなら」や「ありがとう」、「おはよう」や「こんにちは」だろうと思って彼

に聞いてみた。そして答えは「耳たぶ」だったので大笑いした。他人と巧くコミュニケーションするために言葉を駆使するのと同じくらい、雰囲気作りも大事だ。このドイツ人に見習って、面白可笑しい英単語を幾つか覚えたらどうだろう。ちなみに、耳たぶは英語で earlobe と言う。

SPY（スパイ）は日本語化されている。日本で活動を続けてきた世界的に有名なスパイ、Sorge（ゾルゲ）の名前を知っている若者は少ないだろう。彼はドイツ生まれで、第二次世界大戦中に旧ソ連（とそれを通して連合国側）のために東京を拠点に情報収集を続けていたが、1941年に Hotel Okura とアメリカ大使館の間の急な坂道でオートバイに乗っていて、事故に遭った。そして入院中に彼の机から通信機器などが発見されて、逮捕され処刑された。僕はジョギングする時、その坂を登ることもしばしばある。その度にゾルゲのことと（35年程前にハンガリーで観た）彼の人生を描いた映画を思い出す。では例文：

The SPY SAT down in the BAR and did not SAY a word. It looked like he was watching the BAY while EATING a sandwich, but in fact he was all EARS, catching every word that was being SAID at the next table.（スパイは一言も言わずにバーに座った。湾を観察しながらただサンドイッチを食べているように見えたが、耳をすまして隣のテーブルの会話の全てをキャッチしていた）

5. LEG は足全体、脚以外にも「一区切り」の意味もある。例えば、Japan won the first LEG of the series.（シ

リーズの一回戦は日本が勝った)。また pull someone's LEGS は「誰かをからかう」の意味。更に面白い言い回しに Break a LEG!（文字通りは、足を骨折しろ）がある。その意味は「君の好運を願う」である。例えば、The entrance examination will be OK; break a LEG!（入試は大丈夫だろう、君を応援するよ）

BEG は「頼む」の意味。ask（質問する）のもう一つの意味も「要求する」だが、BEG の方が頭を下げてお願いする感じ。BEGGAR が「乞食」であることもこの差を仄めかす。BUG は「虫、昆虫」の意味だが、ここでは LADYBUG（テントウムシ）、BEDBUG（南京虫）と FLU BUG（インフルエンザウイルス）を紹介しよう。RUG は「敷物」、RUN はご存知のように「走る」の意味だ。では例文：

My son found a LADYBUG on the RUG. I BEGGED him not to pull out its LEGS, but to let it RUN free.（息子がカーペットの上でテントウムシを見つけた。足を引っこ抜かないで逃がすように頼んだ）

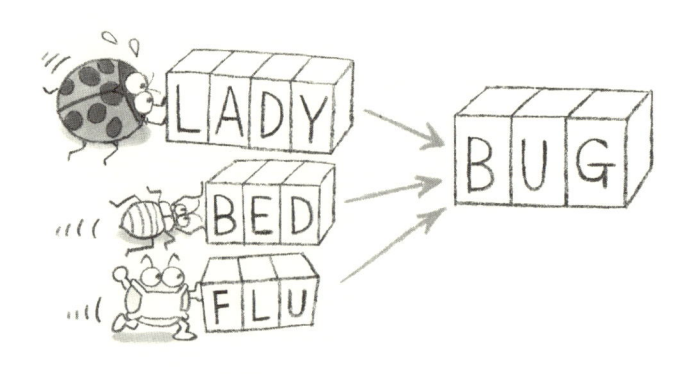

6. SHYは日本語でも「シャイ」である。MAYは「しても良い」の意味。例えばMAY I come in?（入っても良いですか）に対して、相手はSure, don't be SHY.（戸惑うことなく、どうぞ）と答えるかもしれない。SAY, MAN, MENは大丈夫だろう。では例文：

It MAY sound strange, but even SHY MEN SAY that a MAN should not be SHY.（可笑しく聞こえるかもしれないが、シャイな男たちも「男はシャイであってはならない」と言うのだ）

7. METからHIMまでの最短の結び方（4回の変化）が5種類もあるのを見て、「もっとあるのではないか」と思う読者も少なくないだろう。しかし違う。METを最初にMENに替えると、残り3回の変化でHIMにたどり着くことができない。MET－MAT－HAT－HAM－HIMを除いて、HIMの前にAIM, HISかRIMを置いた場合も、3回の変化でどうしてもMETにならないのだ。だから上記以外の最短の結び方ならHIMの前にHITが来る。またMETの後に来る3文字英単語の最後の文字も、Tに決定する。数学的な証明をあまり詳しく書きたくないが、結局METとHITの間に入る二つの単語の形が、＊ET－＊ITに決定する。そして両方を意味のある英単語にするように＊に代入できる文字は、B, L, PとSの4個だけなのだ。では例文：

I BET, you had drunk a BIT before you guys MET. Otherwise, you would not have HIT HIM.（あいつと会う前に君は飲んだに違いない。さもなければ彼を殴らなかっただろう）。または、

中級編

3-CONNECT（HARDER）

His PET iguana was HIT by a car. I MET HIM as he was digging a PIT for the poor little PET.（彼のペットのイグアナは車に轢かれた。彼に会った時、その可哀想なペットのために穴を掘っている最中だった）

8. 日本語では「嘘も方便」と言うけれど、英語ではこれと同じ意味の諺を聞いたことが無い。一般論としては It is BAD to LIE.（嘘をつくのは悪い）と言えるけれど、西洋でも The end justifies the means.（目的は手段を正当化する）という格言がある。では例文：

I DID know that DAD was going to DIE. Because I felt so BAD, I told him a LIE.（父が助からないことはよくわかったが、悲しさのあまり彼に嘘をついた）

DESCENT
(ADVANCED)

次の単語を1字ずつ削って意味のある英単語にしながら、2文字の英単語に到着してください。初級では5文字からだったけれど、ここでは6文字以上である。

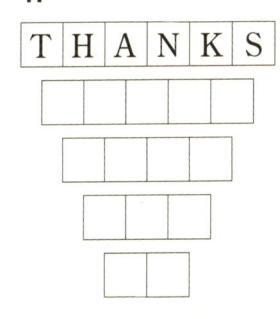

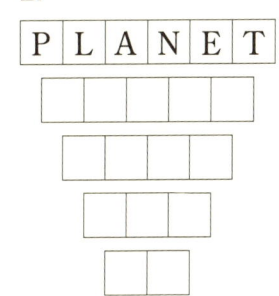

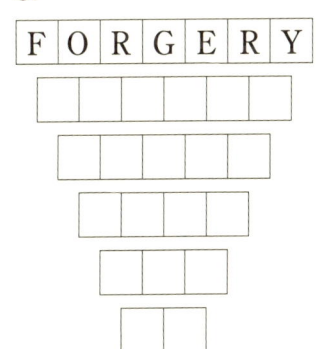

1.

| T | H | A | N | K | S |

2.

| P | L | A | N | E | T |

3.

| F | O | R | G | E | R | Y |

4.

| S | P | R | I | N | T |

5.

B	O	U	N	C	E	D

(5 boxes)

(4 boxes)

(3 boxes)

(2 boxes)

(1 box)

6.

S	C	O	U	R	E	D

(5 boxes)

(4 boxes)

(3 boxes)

(2 boxes)

(1 box)

7.

B	R	A	N	D	Y

(4 boxes)

(3 boxes)

(2 boxes)

(1 box)

8.

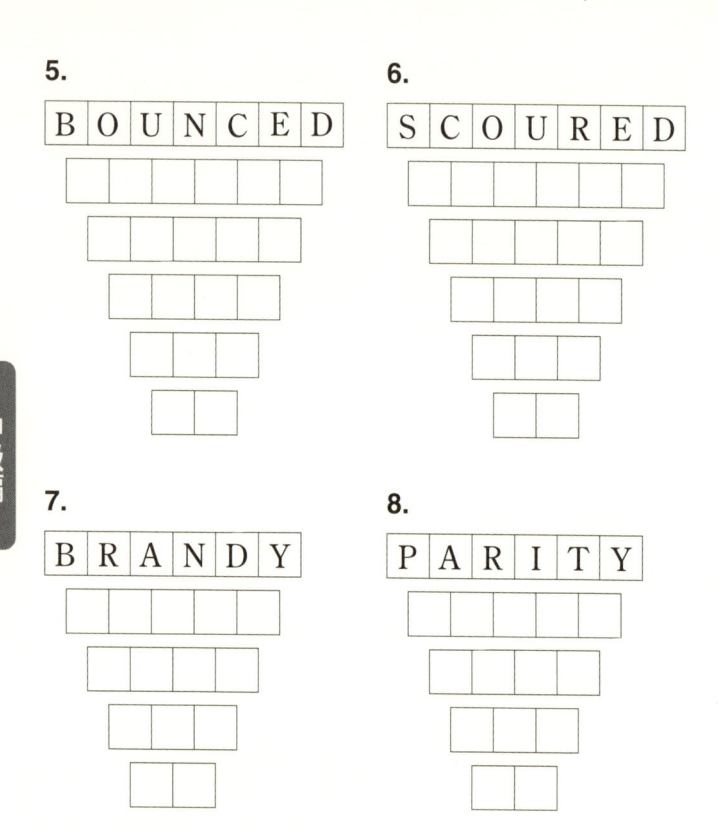

P	A	R	I	T	Y

(4 boxes)

(3 boxes)

(2 boxes)

(1 box)

ピーターからの一言

1. THANK you.が「ありがとう」だとすればTHANK you very much.は「ありがとうございました」である。そしてTHANKS.はもっと軽い御礼「どうも」に対応する。ただしTHANKS.はTHANKS to〜（何々のお陰で）のようにも使える。TANKは「戦車」と貯蔵庫の「タンク」の意味がある。TANは「日焼けをする」や「日

126　頭の良くなる英語（中級編）

焼けした色」の意味だ。THAN は皆さんも良く知っている、比較の言葉である：She is taller THAN he.（彼女は彼より背が高い）。では例文：

THANKS to an enormous water TANK in the garden, my TAN is much stronger THAN last year. THANK you Dad!（庭にある巨大な水槽のお陰で今年は去年以上に日焼けした。お父さん、ありがとう）

2. PLANET は「惑星」の意味だ。Hard Rock Cafe と対抗して世界的チェーン店を目指した Planet Hollywood は未だ記憶に新しい。何人かの映画スターも出資したので、こんな名前になった。だが、レストラン経営の経験が無い俳優がこんなビジネスに首を突っ込んだから、倒産したのではないだろうか？ちなみに最近流行りの「地球号」は英語で Planet Earth と言う。PLANT は「植物」また動詞として「植える」の意味だ。PLAN は「計画」や「計画する」だが、この単語を見るたびに東欧諸国でずっと続いた、そして大失敗で終わった「計画経済」(Planned Economy) を思い出す。Five-Years Plan（五カ年計画）、Ten-Years Plan（十カ年計画）を作っても大いに結構だが、2、3年経ったら状況がどう変わるのかなど、ほとんど予測不可能である。だから、計画を宗教の規律のように、文字通りに守ろうとすると、ダメージが大きい。

PAN は日本語で「フライパン」である。pancake（パンケーキ）は PAN で作られる cake（ケーキ）だからこの名前が付いた。ちなみに年配の方は PAN と見たら違う事も思い出すかもしれない。日本とアメリカを初

めて結んだ航空会社は PAN AMERICAN（愛称 PanAm）だった。ここの PAN はギリシャ語で「全」の意味だ。余談になるが、はじめて日本に来た頃、PanAm の経営はもうかなり苦しかった。日本路線を United に譲ったり、きれいな摩天楼であるニューヨークでの本社ビルも売却したりして、経営の再建を図っていた。集客にも必死で、マイレージプログラムも非常に魅力的だった。だから、僕も PanAm をよく利用した。最も思い出になったフライトは、1988年の6月にウイーンからニューヨークに戻った時である。快晴の空を飛ぶ時、突然パイロットがしゃべり出した。「皆さん、世界最大の島 Greenland（グリーンランド）がなぜこう呼ばれているのかご存知？やはり初夏は島全体が緑色に輝くからだよ。飛行時間にはほとんど影響がないから、その光景を見せてあげよう」。そして飛行機を Greenland の上空を通るように操縦して、さらに右へそして左へ傾かせて、島の全体を覆う緑の美しさを乗客全員に堪能させた。日本の航空会社ならきっと首になっただろう！

　PANT は「息切れをする」または「息を切らして言う」

の意味だが、複数のsを付けるとpants、つまり日本語の「パンツ」となる。アメリカと英語の、日本と日本語への影響はすごい。そのすごさはこの「パンツ」でも分かる。初来日した頃はまだ若者も皆「ずぼん」と言っていた。でも最近は「パンツ」に「スラックス」、「ジーンズ」に「短パン」だ。下着も「パンティー」や「トランクス」、「ブリーフ」に変わった。ANTは変わらず「蟻（あり）」である。変わらず、と書いたが実際はいろいろな所で外来語並みにカタカナのアリに変わってきた。では例文だ：

AN all-out effort, a PAN-earth PLAN is needed to save the PLANTS and animals of our PLANET from extinction.（我々の惑星の動植物を絶滅から守るための全地球規模のプラン、全面的な努力が必要である）

3. FORGEは偽造する、捏造（ねつぞう）するの意味だからFORGERYはその行為で、FORGERはそれを犯す者である。FOREは知らない人も多いと思うがbeforeとほぼ同じ、「前の」という意味だ。他の単語と一緒になって使われるのがほとんどである。例えば、テニスが好きな人なら誰でも知っている「フォアーハンド」も、英語のforehandからきている。forearmは腕の肘から先の部分である。又、afternoon（午後）の反対語はforenoon（午前）である。英英辞典で調べたら、forenoonはbreakfast（朝食）とnoon（正午）の間の時間帯だった。もっとも、近頃午前の時間帯を指す時、早いか遅いかと関係なくat 10 in the morning（朝の十時に）のように言うのが一般的だ。その原因は現代人が大分遅起きになってきたことなのかな？

中級編

DESCENT（ADVANCED）

では最後に fore を使った動詞を紹介しよう。foresee（正しく予測する）、例えば、No one can foresee the future.（将来を予測できる人はいない）。では例文：

FOR the last five OR six years, it has not been unusual FOR people to try to enter Japan with FORGED documents. In some countries FORGERY was punished by chopping off the FOREARM of the FORGER.（過去五、六年で、偽造したパスポートを使って日本に入国を試みることが珍しくなくなった。ある国では、偽造罪の懲罰は偽造をした者の前腕の切断であった）

4. SPRINT は本来「全力疾走」の意味だから、「短距離競走、スプリント」の意味でも使われるようになった。PRINT は「印刷する」で、コンピュータの印刷機を日本語でもプリンターと言う。PINT（発音はパイント）は液量の単位で、アメリカだとリットルの半分よりちょっと少ない。つまり、2 PINTS は大体 1 LITER（リットル）だと思えば良い。アメリカのガソリンスタンドでは、GALLON が単位だ。1 GALLON ＝ 8 PINT なので、4 リットル弱（3.8 リットル）。実はこの二つの間にもう一つの単位 QUART がある。この名前は quarter（4 分の 1）からきているので、覚え易い。1 QUART は 1 GALLON の 4 分の 1、つまり 0.95 LITER で、2 PINT でもある。数字が好きな人のために、1 GALLON は 231 立方インチであることも書いておこう。PIT は「穴」で、IT は代名詞で説明が要らないと思う。では例文：

The SPRINTER was watching the car race from the

PIT. He told the journalist: I drink a PINT of wine after each SPRINT, but please do not PRINT IT in your paper.（短距離走者はカーレースをピットから観ていた。各スプリントの後1パイントのワインを飲むけれど、これを新聞に書かないで下さいと、記者に言った）

5. BOUNCED は BOUNCE（バウンドさせる）の過去形である。俗語では to BOUNCE someone は「誰かを首にする」の意味だ。例えば、He did not quit his job. He got BOUNCED.（仕事を辞めたのではない、首になったんだ）。OUNCE は重さの単位であり（30グラム前後）、日本語では「オンス」となっている。日本では使われていないが、海外の経済ニュースでは金の価格は必ず 1 OUNCE of gold is 298 dollars.（金は1オンスが298ドル）のようになっている。

　ONCE は「一度」や「かつて」などの意味がある。童話や昔話の「昔々」は英語で ONCE upon a time となっている。相手の話が良く分からなかった時、ONCE more, please.（もう一度、お願いします）と言えば良い。まあ、同じ意味の I beg your pardon.（文字通りは、お許しください）の方が丁寧だけれど。また、at ONCE は「直ちに」の意味である。では例文：

　ONCE I had a rubber ball weighing ONE OUNCE. If BOUNCED ON the floor it would BOUNCE back into your hand.（僕がかつて持っていた重さが1オンスのゴムボールは、床にバウンドさせるときちんと手まで跳ね返ってきた）。別の例文：When the boss found ONE OUNCE of opium ON her desk, he BOUNCED her at

DESCENT（ADVANCED）

ONCE.（社長は彼女のテーブルの上に１オンスのアヘンを見付けた時、直ちに彼女を首にした）

6. SCOURED は SCOUR（ごしごし磨く）の過去形である。同様に SCORED は SCORE（得点する）の過去形だ。SCORE（日本語ではスコア）は名詞としても「試験の得点、試合の点数、楽器の楽譜」などなどの意味がある。SORE は「痛い」の意味で、have a SORE throat（のどが痛い）のように使える。ただし、「頭が痛い」は英語で have a headache となるから、くれぐれもご注意を！ ORE は「鉱石」の意味だ。では例文：

　Was it for having looked for iron ORE in the mountains OR for having SCOURED the waterpipes in the garden, I don't know. But having a SORE throat did certainly affect the SCORE that I SCORED at the exams.（山で鉄鉱石を探していたせいか、庭の水道管をごしごし磨いたせいなのか分からない。しかしのどの痛みが、試験で得た点数に影響したのは確かだ）

7. BRANDY は、お酒のブランデー、BRAND はブランド品のブランドである。ではブランドの由来を説明しよう。日本の牛には、持ち主の名前が焼印されている。西洋でも古来この習慣があり、その焼印のことを BRAND と言う。次第に、家畜だけではなく色々な商品にもメーカーか持ち主の名前が焼印されるようになり、「銘柄」つまりブランドの意味にもなった。同時に、犯罪を犯した人の体にも焼印が押された。この習慣から be BRANDED（レッテルを貼られる）という言い方が生

まれた。例えば、He was BRANDED as stingy.（彼はけちだとレッテルを貼られた）。BAND は日本語でもバンドだ。幾つかの意味がある、例えば音楽の「バンド」、髪を結ぶヘアバンド (hairband) の「バンド」など。商標になっている Band-Aid（バンドエイド）は、アメリカでばんそうこうの代名詞である。BAN は「追放する」、「禁止する」の意味だ。では例文：

The BAND refused to play in AN AD for a BAD AND BANNED BRAND of BRANDY.（まずくて禁じられたブランドのブランデーの CM で演奏することを、そのバンドは断った）

8. PARITY は同等、同格であることで、特に on PARITY with の形で使われる。PARTY はパーティや政党の意味だ。PART は部分で PART time job（パート）の PART でもある。PAT は洋服のパットとして日本語化されているけれど、もう一つの意味は（肩などを）軽く叩く（またこの行為）を指す。ART は芸術、つまりアートだが、技術の意味でも使われる。例えば、the ART of teaching English は「英語を教える技術」である。では例文：

Even if PART of the ART class PATTED your shoulder AT the PARTY, it does not mean that your paintings are on PARITY with theirs.（パーティで芸大生の一部に肩を叩かれても、それは決してあなたの絵と彼らの絵が同格である意味ではない）

MISSING LINK
(INTERMEDIATE)

　ここでは前にも出た Missing Link をもう一度やろう。今回は □ に入る言葉は前置詞とは限らない。では早速問題に移ろう。

　次の **1.**〜**10.** の、それぞれの単語同士を結ぶ単語 (Missing Link) を右の単語リストから選んでください。

1. ice-□　　□-cheese
2. compact-□　　□-jockey
3. cold-□　　□-head
4. high-□　　□-boy
5. week-□　　□-light
6. water-□　　□-page
7. child-□　　□-day
8. front-□　　□-belt
9. duty-□　　□-size
10. money-□　　□-economy

birth
cream
day
disc
free
front
market
school
seat
war

ピーターからの一言

1. アイスクリームとクリームチーズは日本人にも馴染みがあると思う。Häagen Dazs の最初の店舗が青山通り

と外苑西通りの交差点に開店したのは、1984年のことである。それからは、全国のあちらこちらで開店と閉店を繰り返してきたが、あの店舗は未だ健在だ。そして開店を切っ掛けに、全国のコンビニやスーパーでもアメリカ風のアイスクリームが販売されるようになった。その人気と太りすぎの若者の増加は、無関係ではないかもしれない。チーズの本場はフランスやオランダ、スイスだが、日本で最もよくみかけるチーズはアメリカ産クリームチーズである。裏には、対米貿易黒字を少しでも減らそうという狙いがあるのだろうが、もったいないような気もする。

2. CD＝コンパクトディスクやDJ＝ディスクジョッキーを知らない読者は少ないと思う。CDは音楽の世界を変えてしまった。大量に生産されるようになって未だ20年も経っていないのに、LP（普通のレコード）はその姿をほぼ完全に消してしまった。もっとも、DJのDは普通のディスク、つまりLPを指している。jockey（ジョッキー）はもともと競馬の騎手だが、1960年代に流行りだした職業、discotheque（ディスコ）の運行役は

ディスクジョッキーと命名された。

3. 冷戦（Cold War）が終わって10年以上経っている。それは良いことであったが、核軍縮が進まないのが残念ながら現状だ。特にアメリカが持っている核弾頭（nuclear warhead）の威力は、（臨界前核実験によって）増しつつある。更に、2001年に誕生したブッシュ政権は新型ミサイル防衛システムの開発を決めて、後戻りが顕著になった。

4. 今日の日本では高校（high school）への進学率は90％を超え、もはや高校まで義務教育に入ってしまったという印象である。一方、小中学校の生徒（schoolboyとschoolgirl）の数が激減して、成績とほとんど関係なく高校へ進学できるようになった。これは明治以降の日本を引っ張ってきた、高レベルの一般教育を危機的状況に落としてしまった。

5. 大きな英和辞書で引いてみたら、weekdayは（日曜と土曜以外の）平日と解説されていた。しかし話はもっと複雑である。平日の反対語は祝日か休日とすれば、土曜日はどちらに入るのだろうか？大手企業や国家公務員は欧米並みに週休二日になっているが、統計によると日本の労働者の半分以上は、土曜日も働いている。不況で日本中が時短の方に動くと思ったが、大間違いだった。残念なことに「貧乏暇なし」の人が増えただけだ。

　日光（daylight）についての考え方にも、日本と他の先進国の間に大きなずれがある。欧米ではdaylight

saving time と言って、4月からの半年間は時計の針を一時間先へ進ませるのだ。これによって、かなりの電力が節約されるし、アフターファイブ（after five）ももっと楽しめるのだ。この制度が日本にも導入されると良いな、と常々思っている。

6. waterfront はかなり広い意味で、街などの海岸、湖岸、川岸の部分を指している言葉だ。横浜の waterfront の代表は「みなとみらい」だろう。南アフリカ最大の観光地、Cape Town（ケープタウン）に The Waterfront という海辺の大型ショッピングモールがある。そこで大道芸をやって、稼いだお金でダチョウの卵を買った。卵焼きにすれば鶏の卵25個分に値すると言われたが、日本に帰るまでに腐ってしまった。まあ、その殻は今でも僕の本棚を飾っているけれど。front-page は（新聞の）第一面の意味で、front-page news は大事なニュースという意味でもある。

7. childbirth は出産の意味である。子供を産むのを英語で give birth to a child と言う。birthday はもちろん誕生日である。皆さんは自分の誕生日を知っているよね。「そんなことは当たり前だ」と言うほどだ。しかし、この間コートジボアールに行って、酷い人種差別の跡に気が付いた。そこの50歳を超えた住民のほとんどが、自分の誕生日を知らないのだ。彼らのせいではない。宗主国であったフランスは、黒人が生まれた時にその年しか（戸籍上）登録しなかった。だから、これらの人達の身分証明書では誕生日が全部1月1日になっているのだ！

8. front seat は車の「前座席」、seat belt は「シートベルト」である。元々「シートベルト」は飛行機にしかなかった。当初は車の前座席にだけ義務付けられていたけれど、最近になって、後ろ座席でも着けないと罰せられるような国が増えている。独立思考が徹底しているアメリカでは、面白いことに、乗客がシートベルトを着けなかった場合、罰せられるのは運転手ではなく、乗客である。

9. 世界の空港でどこでも duty-free shop（免税店）がある。特に関税率の高い酒類とタバコは人気があるらしい。電化製品や衣類、化粧品が売られているが、ディスカウントショップやデパートのバーゲンセールに比べて割高なので、くれぐれもご注意を！買い物と言えば、洋服の店で free size がかなり増えてきたような気がする。皆に同じサイズがピッタリであるはずがないので、不思議で仕方がない。

10. MMF は money market fund の略で、money market（金融市場）という単語を意識しなくても、それを新聞の広告などでよく目にしている。逆に言えば、毎日毎日目にしている横文字言葉をマメに調べれば、英語の知識もうんと増えるだろう。market economy（市場経済）は、旧ソ連などの社会主義国家が進めてきた planned economy（計画経済）の反意語である。戦後日本はこの二つを巧く混ぜて、奇跡的な経済再生を成し遂げたとも言われている。

4 - CONNECT
(EASY)

　このゲームは基本的に 3-CONNECT と変わらない。ただ 3 文字英単語ではなく、4 文字英単語でやる。

　例えば、TELL（言う）とその過去形 TOLD を結ぼう。

　先ず、TELL の 2 番目の文字 E を O に替えて TOLL（高速道路などの料金）にする。そして 4 文字目の L を D に替えて TOLD になって、目標達成だ。答えは、TELL − TOLL − TOLD となる。

　3-CONNECT と基本的に同じと言ったが 4 文字で作ることができる文字列（AAAA から ZZZZ まで全部数えると 26 × 26 × 26 × 26 = 331776 もある）の中、意味のある英単語は、割合としては非常に少ない。だから、無作為に選んだ二つの 4 文字英単語を結ぼうと思ったら、かなり苦労する。不可能であったり、20 回以上の変化が必要だったりする。結ばれる組み合わせの数を少しでも増やそうと、使用できる 4 文字英単語の範囲を 3 文字の場合の 250 個よりずっと多く、1025 個にした。そのリストを付録（4 文字英単語）にのせてあるが、これらを暗記する必要は全くない。「こんな単語はあったっけ」と疑問に思ったら、リストでチェックすれば良い。ついでにその単語の意味も調べると、そのうち自分の語彙も膨らんでいく。では問題に移ろう。

1.

F	E	E	L
H	E	A	R

2.

R	A	I	N
F	A	L	L

3.

W	E	E	K
Y	E	A	R

4.

B	O	D	Y
M	I	N	D

5.

B	A	L	L
G	A	M	E

6.

L	O	V	E
H	A	T	E

7.

R	O	A	D
L	A	N	E

8.

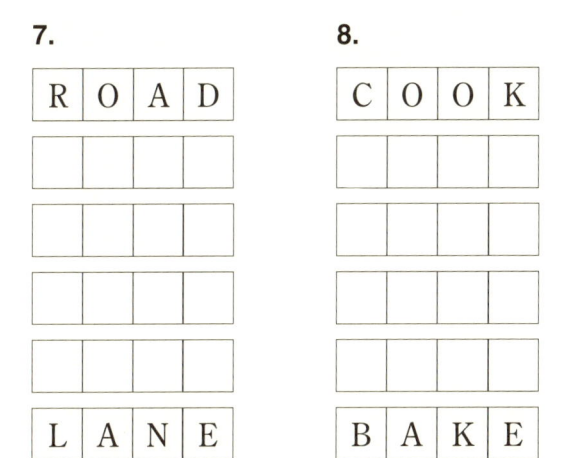

C	O	O	K
B	A	K	E

> ピーターからの一言

1. FEEL は「感じる」で、HEAR は「聞く」、「聞こえる」である。外国語で相手が言うことを理解するのは難しい。それでも相手の表情、身振り手振りを見れば One can FEEL what he wants to say.（相手が言いたいことを感じ取ることができる）。けれども電話だと何倍も難しくなる。僕の経験から言うと、音の強さも理解度に影響する。日本語だと小さな声で話している相手の言葉でもきちんと理解できる理由は、はっきり聞こえなかった語尾などを推測できるからだ。英語だとそこまでの余裕がない。だから相手に大きい声で話をしてもらって、刺激を拡大してもらおう。電話中に何回も I can't HEAR you. Please, speak louder.（良く聞こえない。もっと大きな声で話して）と遠慮せず言ってみてください。

　HEEL は踵（かかと）で、HIGH HEEL（ハイヒール）

なら日本人もよく使う単語だ。HEALは「(病気、傷などを) 治す」だ。例えばTime HEALS all wounds. (時は全ての傷を治してくれる) のような言い回しがある。最近日本でも流行のヒーリング (癒し) も英語のHEALの動名詞だ。では例文：I FELT much better, when I HEARD the doctor say "Your HEEL will be HEALED within a week."(医者が「踵は一週間以内に全治する」と言うのを聞いて、気分がかなり良くなった)

2. RAINは「雨」で、大雨はHEAVY RAINと言うが、時雨 (しぐれ) にピッタリの簡単な英語表現はない。日本と英国とアメリカの天気の移り変わりは大分違うから、仕方が無い。台風は英語でもtyphoon (台風の中国語発音から) と言う。ヨーロッパでは台風がないので、英国人が台風を体験した極東地域の言葉を英語化したと思われる。アメリカは年に何度かカリブ海辺りに発生する台風に襲われるけれど、それを台風と言わず、スペイン語が語源のハリケーン (hurricane) を用いる。では

時雨の英訳はどうしよう？相手に時雨はどんなものなのかを手短かに説明すれば良い。又、文章の中だったらshigure（a cold rain in early winter in Japan）と注を付けると十分通じるのだ。RAILは日本語でもレールと言う。また、RAILROAD（鉄道）のRAILでもある。FAILは「失敗する」で、I FAILED the exam.は「試験に落ちた」の意味だ。合格した、はI passed the exam.と言う。FALLは物理的に落ちる、またアメリカでは「秋」の意味でも使われる。英国だと秋をautumnと言う。RAINFALLは「降水（量）」である。例えば、Tokyo has a RAINFALL of more than 40 inches a year.（東京の年間雨量は40インチ以上である）。ちなみに、1インチは2.54センチで、40インチはおよそ1メートル、つまり1000ミリである。では例文：Because of the heavy RAIN, she FAILED to notice the "RAILWAY station" sign. That is why her son was late, and FAILED the entrance exam in the FALL.（豪雨のせいで彼女は「鉄道駅」の標識を見逃した。このため息子は遅れてしまって、秋の入試に落ちた）

3. WEEKは「週」の意味で、WEEKENDは「週末」だ。元々週末という単語も、欧米の言葉からの直訳だ。実は、昔の日本では「週」という概念がなかった。一カ月を上旬、中旬、下旬の三つに分けていた。西暦の登場と同時に、週という単語が生まれた。だから年、月、日と違って、週は訓読みがない。しかも中国語の「週」とも漢字が違う。中国では「星期」と「礼拝」を用いる。後者の場合は日曜日のことを「礼拝日」と言うから、キ

リスト教との関係が明らかだ。日本の場合は、日曜日の「日」は Sun、月曜日の「月」は Moon から来ているのを英語からも推測できる。残りの日の名前は火星、水星、木星、金星と土星からきているのは読者のほとんどが知っていると思う。土星は英語で Saturn なので、Saturday もこれが語源だと分かる。火水木金の場合は英語では違う語源だ。一方、フランス語、イタリア語などのラテン系言語の場合は、この四つの惑星（Mars, Mercury, Jupiter, Venus）が語源だとはっきりしている。ちなみに、ウィークエンドではない日を英語でweekday（ウィークデー）と言うが、日本語だと「週日」よりも「平日」と言う方が多い。

　WEAK は「弱い」で、WEAR は動詞「着る」の意味のほか名詞「衣類」の意味もある（例えば、underwear は下着）。WEAR の過去形は WORE, 過去分詞は WORN で I feel WORN out. は「とても疲れている」という意味だ。YEAR は年の意味だと日本人もよく知っている。最近の年賀状にもよく Happy New Year を見かけ

る。日本語では「良いお年を」と年が明ける前にも言うが、欧米では年が明けてからお互いにお祝いの電話などでHappy New Yearと言う。では例文：Last WEEK I felt WEAK and WORN out because of the preparations for the new YEAR.（先週は新年の準備のせいで弱って非常に疲れていた）

4. BODYは「身体」でMINDは「精神」で、たがいに反意語である。in my BODY and my MINDは「心身ともに」の意味だ。最近両方とも日本語化されて、ナイスバディ（nice body）やボディービル（body-building）もよく耳にする。同じbodyなのに、日本語の表記が異なるなんて不思議だよね。オウム事件以来、マインドコントロール（mind control）もマスコミに度々登場するようになった。動詞としてのmind（気にする）を用いた、昔から使われている「どんまい」がある。これは英語のdon't mind（気にしないで）から来ているが、英語のレベルが今よりずっと低い時代に日本語化されたので発音は全然違う。僕が「どんまい」を習ったのは17年前のことである。あの頃日本人を相手によくテニスをやっていた。下手だった僕はしばしば「どんまい」と言われて、その意味を覚えた。恥ずかしいことにこれが英語のdon't mindを日本語化した表現だとは、ごく最近まで思いも寄らなかった。漢字の音読みは、中国から輸入された時期によって異なると以前教わった。カタカナ英語の場合も似た現象があると、この本を書き始めてから気が付いた。

　BONYはBONE（骨）を形容詞にした単語で、人間の場合は「痩せた」、魚の場合は「骨が多い」の意味だ。

Nを一つ増やしたBONNYは（主に英国で）魅力的、愛らしいの意味だ。15歳の時、英会話学校で学んだ船乗りの歌 My bonny is over the ocean.（僕の好きな人は海の向こうにいる）を今でもよく口ずさんでいる。やはり歌の歌詞を通して英語を学ぶのも捨てたものじゃない！ BONDはボンドとして、つまり接着剤の意味で日本語でも使われている。英語だと精神的な接着剤、つまり結束、同盟などの意味もある。財テクに興味がある読者は、転換社債を英語で convertible bond と言うのも知っているかもしれない。BINDは「結び付ける、縛る」の意味だ。では例文： She is happy both in her BODY and her MIND with the strong BOND that BINDS her to that tall, BONY boy.（あの背の高い、痩せ型の男と自分を結び付けている強い絆で彼女は心身ともに満足している）

5. BALL は様々な遊びやゲームなどのために使用する玉、ボールである。バスケットボールやバレーボールなどの球技を英語で総称的に BALL GAME と言う。五輪（オリンピック）の正式名称は OLYMPIC GAMES である。元々五輪は商業的な物ではなかったし、出場選手もきちんと仕事を持って、遊び感覚で参加していた。時代が変わっても、オリンピックなどの競技を今でも GAME と言う。もちろん GAME には本来の「遊び」の意味も残っている。

　TALL は「背が高い」の意味で、日本語の高いは英語の HIGH に近いが、値段が高い時は EXPENSIVE が対応する。また、建造物が高いことを It is a TALL building. とやはり背が高い時の TALL を用いる。日本

人同士で会話する時「身長は？」(How TALL are you?) に対して「1メートル62センチ」を略して「62」と答える若い人も多い。アメリカ人に対してSixty twoでは絶対に通じない。One meter sixty two.でも分かる人は少ない。身長が162センチなら、I am 5 feet 4 inches TALL.か短くFive and four.と答えるべき。自分の身長を言うか書く場面はいくらでもありうるので、しっかり換算してもらいたい。計算はちょっと面倒くさいけれど一回やってしまえばその結果を一生使える。その計算式を教えよう。例えば、今の若い女性の平均、162センチにしよう。これを2.54で割る（1インチは2.54センチだから）、商は63.78だから四捨五入して64を元に計算を続ける。次は64を12で割る（1フィートは12インチだから）。商は5で余りが4なので、162センチは英語で5フィート4インチ、つまりfive and fourである。もっとも、アメリカ人以外の外国人に対してはI am 1 meter 62 TALL.と言わなければならない。

TALEは物語、（作り）話であり「昔話」はold TALE

だ。TAME は動詞では「飼いならす」の意味だ。転じて、人間に対して「服従させる」である。Elizabeth Taylor（エリザベス・テイラー）が主役の映画 TAMING the shrew（じゃじゃ馬馴らし）も有名だ。形容詞としての TAME は飼いならされた、また、転じて精力を失った、つまらないの意味である。a TAME TALE は「つまらない物語」である。では例文：Did you read the TALE about the TAME monkeys on TALL unicycles playing a BALL GAME?（高い一輪車に乗った、飼い馴らされた猿達が球技をやる話を読んだ？）

6. LOVE は「愛」と「愛する」である。似ている動詞に like がある。やはり LOVE の方が情熱がこもっている。男女間でよく I like you, but I don't LOVE you.（好きだけど愛していない）が使われる。相手を断る、丁寧な言い方である。LONE は孤独の、たった一人の意味である。副詞の LONELY がよく使われて、例えば I feel LONELY.（淋しい）。LANE は、細い道、路地の意味だ。LATE は「遅い」の意味で、待ち合わせなどに遅れる時は友達間で Sorry to be LATE.（遅れてごめん）

または、もっと正式な場面で Excuse me for being LATE.（遅れてごめんなさい）と言えば大丈夫だ。相手は It's OK.（大丈夫よ）や Never mind.（気にしないで）と答えるのが一般的。また、LATE には「亡くなった」「故人の」の意もある。HATE は「憎む」である。また「嫌う」の意味でも用いられるけれど、その場合 HATE と do not like の関係は LOVE と like の関係と同じで、HATE の方が感情的だ。例えば、猫を飼っている人に I do not like cats. と言っても相手への攻撃ではないが、I HATE cats. と言うと喧嘩を売っている感じだ。では例文：The lady, who just moved into that LONE house in this small LANE, used to have a LOVE-HATE relationship with her LATE husband.（路地の人気のない家に越してきた女性と亡くなった夫の関係は、激しい喧嘩と仲直りの繰り返しだった）

7. ROAD も LANE も「道」だが、LANE の方がずっと狭い。日本の路地のようなものである。一方 LANE は車線の意味でも使われている。LOAD はコンピュータ用語 DOWNLOAD（ダウンロード）のロードである。LOAD の本来の意味は「積み荷」や「積む」である。LEAD は「指導する」で、日本語化されている LEADER（リーダー）の語源である。もっとも「日本がリードしている」などの表現で、LEAD はスポーツ用語などで使われている。LEND は「貸す」で、その反意語は BORROW（借りる）である。これはかなり間違い易いけれど May I borrow your book?（あなたの本を借りてよろしい？）と Can you lend me your book?（本を貸

してくれる？）だとしっかり覚えるべきだ。LAND は土地の意味で、また SEA（海）との反意語として陸地を指す。Land is still expensive in Japan.（土地は日本では今でも高い）。では例文：He LENT me some LAND on a small LANE, but the ROADS LEADING to it are always LOADED with traffic.（彼は路地裏にある土地を貸してくれたがそこに行く道はいつも詰まっている）

8. COOK は、一般に料理する（とその仕事をやっているコックさん）ことで、BAKE は主にパンと菓子を焼くことである。だから BAKERY はパン屋で、そこの職人は BAKER だ。

CORK は日本語でもコルク（コルク栓）で、ワインなどの瓶の入口を塞いでいる。Put a CORK in it !はちょっと怒った時、「そんな話はもうやめて」の意味で使う表現だ。CORE（日本語でコア）は「芯」で、転じて物事の「核心」の意味である。COKE には三つの互いに関係のない意味がある:コカコーラ、コカインと（石炭から作られる）コークス。CAKE は日本語でもケーキだけれどアメリカのケーキは（特に地方では）信じられないほど大きい。では例文：

In my family, Dad is the COOK but Mom BAKES the CAKE, sister cuts out the CORE of the apple, I pull the CORK of the wine bottle and my younger brother brings his COKE to the table.（うちの家族で父は料理人の役だけれど母はケーキを焼いて、姉はりんごの芯をくり抜いて、僕はワインボトルのコルクを抜く、そして弟は自分のコカコーラをテーブルまで運んでくるのだ）

PERFECT SQUARE

たて、横の意味に合う4文字の英単語を書き入れて、Perfect Squareを完成させてください。

1.

加える、加えて
負ける、失う
オープン
テスト、試験する

送るの過去分詞
使うの三人称単数形
愛する、愛
企む、記入する

2.

同じ
遊ぶ、演奏する
島
つま先の複数形

目の複数形
男性の
〜もまた
つばを吐く

3.

鮪（まぐろ）
〜に慣れて、中古の
数珠だま、ビーズ
誤るの三人称単数形

加えるの三人称単数形
近い、近くに
使用者、ユーザー
管、チューブ、地下鉄

4.

ソファ
〜の上に
借りる、賃貸料
終わり、先端の複数形

蟻（あり）の複数形
愛着を抱いて
開く、開いた
確かな、きっと

5.

不足、欠けている
オーボエ
滑る
送るの過去分詞

保つの過去分詞
硬貨、貨幣
〜できる
損失、敗北

6.

星
穴
外側、アウトの複数形
早足で駈ける

残り、休憩する
アルト
小旅行
発射、射撃

7.

引き上げる
におい
be動詞の過去形
目的、ため

木
フォーク
考え、アイデア
安値、低いものの複数形

8.

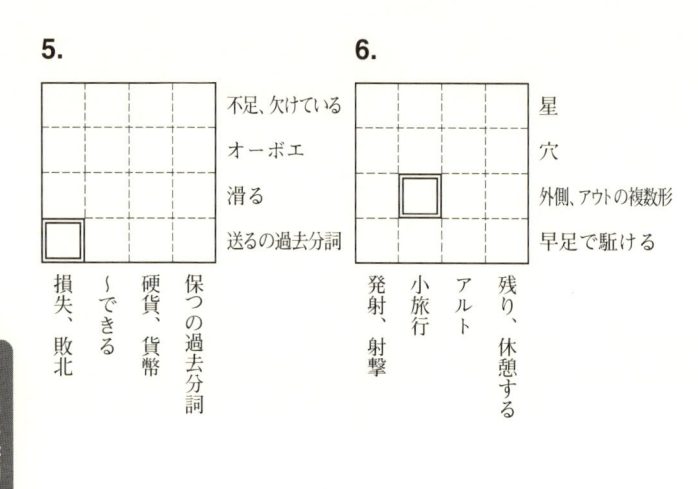

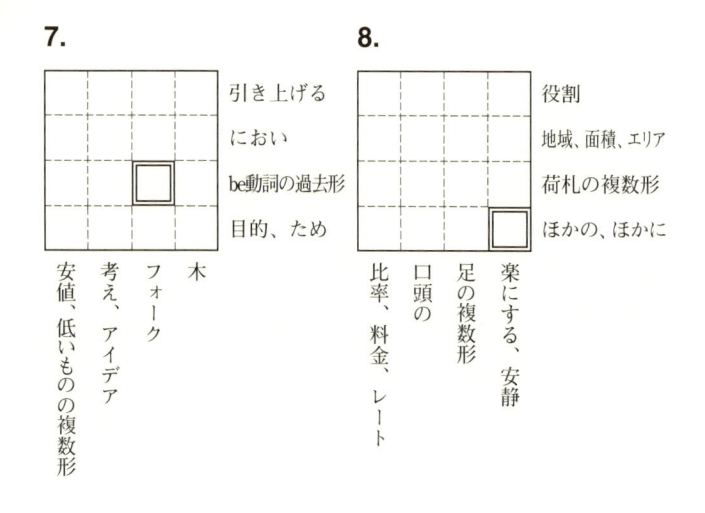

役割
地域、面積、エリア
荷札の複数形
ほかの、ほかに

楽にする、安静
足の複数形
口頭の
比率、料金、レート

1〜8の□の中の字を書き入れる

1	2	3	4	5	6	7	8

SOLUTIONS（中級編）

[3-CONNECT (INTERMEDIATE 1)]

1. BAR － BAT － MAT － MAN か
BAR － BAD － MAD － MAN か
BAR － BAY － MAY － MAN か
BAR － CAR － CAN － MAN か
BAR － FAR － FAN － MAN
2. PAY － SAY － SAX － TAX か
PAY － WAY － WAX － TAX
3. NET － BET － BEE － FEE か
NET － NEW － FEW － FEE か
NET － SET － SEE － FEE
4. CAR － WAR － WAS － GAS
5. JOY － TOY － TOE － WOE
6. CAT － CUT － PUT － PET か
CAT － BAT － BET － PET か
CAT － MAT － MET － PET か
CAT － SAT － SET － PET
7. HIT － BIT － BUT － OUT か
HIT － PIT － PUT － OUT か
HIT － HAT － OAT － OUT
8. BED － BEE － SEE － SEX か
BED － BET － SET － SEX

[3-CONNECT (INTERMEDIATE 2)]

1. AID － DID － DIE － TIE
2. POT － PET － PEN － PAN か
POT － PIT － PIN － PAN
3. YEN － TEN － TON － WON
4. SAW － SAY － WAY － WAS か
SAW － SAX － WAX － WAS

5. DOT − HOT − HOW − COW − COM か
      − NOT − NOW −か− LOT − LOW −か
      − ROT − ROW −
   6. OUR − OUT − BUT − BUY − GUY
   7. RED − BED − BET − PET − PEN か
      RED − LED − LET − PET − PEN
   8. FEW − SEW − SET − MET − MEN か
      FEW − NEW − NET − MET − MEN

[ANAGRAM (EASY)]

   1. READ   2. BUSY   3. DRAW   4. POST   5. DIET
   6. BEAR   7. SUED   8. GAME   9. MAIL   10. FAST
   11. ROSE   12. ALONE   13. HORSE   14. NAILS
   15. LEAST

[ASSOCIATION GAME (FRUIT)]

   1. lemon   2. cherry   3. peach   4. strawberry
   5. watermelon   6. mango   7. banana   8. grape
   9. apple   10. kiwi   11. grapefruit

[3-CONNECT (HARDER)]

   1. DID − DAD − DAY − DRY − TRY
   2. FUN − NUN − NUT − NET (か PUT) − PET か
      FUN − FAN − PAN − PEN − PET
   3. MAD − SAD − SAW − SOW − COW か
      MAD − MAP − CAP (か MOP) − COP (か MOW) − COW
   4. EAR − EAT − SAT − SAY − SPY か
      EAR − BAR − BAY − SAY − SPY か
      EAR − WAR − WAY − SAY − SPY
   5. LEG − BEG − BUG − RUG − RUN
   6. SHY − SAY − MAY − MAN − MEN
   7. MET − BET − BIT − HIT − HIM か

MET − LET − LIT − HIT − HIM か
MET − PET − PIT − HIT − HIM か
MET − SET − SIT − HIT − HIM か
MET − MAT − HAT − HAM − HIM
8. BAD − DAD − DID − DIE − LIE か
BAD − BAT − BIT − LIT − LIE

[DESCENT (ADVANCED)]

1. THANKS − THANK − THAN − TAN − AN か
   THANKS − THANK − TANK − TAN − AN か
   THANKS − TANKS − TANK − TAN − AN
2. PLANET − PLANT − PLAN − PAN − AN か
   PLANET − PLANT − PANT − PAN − AN か
   PLANET − PLANT − PANT − ANT − AN
3. FORGERY − FORGER − FORGE − FORE − FOR − OR
4. SPRINT − PRINT − PINT − PIT − IT
5. BOUNCED − BOUNCE − OUNCE − ONCE − ONE − ON
6. SCOURED − SCORED − SCORE − SORE − ORE − OR
7. BRANDY − BRAND − BAND − BAD − AD か
   BRANDY − BRAND − BAND − AND − AD (か AN) か
   BRANDY − BRAND − BAND − BAN − AN
8. PARITY − PARTY − PART − ART (か PAT) − AT

[MISSING LINK (INTERMEDIATE)]

1. cream **2.** disc **3.** war **4.** school **5.** day
6. front **7.** birth **8.** seat **9.** free **10.** market

[4-CONNECT (EASY)]

1. FEEL − HEEL − HEAL − HEAR
2. RAIN − RAIL − FAIL − FALL
3. WEEK − WEAK − WEAR − YEAR
4. BODY − BONY − BOND − BIND − MIND

5. BALL − TALL − TALE − TAME − GAME
6. LOVE − LONE − LANE − LATE − HATE
7. ROAD − LOAD (か HEAD) − LEAD (か LORD) − LEND (か LARD) − LAND − LANE
8. COOK − CORK − CORE − COKE (か CARE か BORE) − CAKE (か BARE) − BAKE

[PERFECT SQUARE]

1.

P	L	U	S
L	O	S	E
O	V	E	N
T	E	S	T

2.

S	A	M	E
P	L	A	Y
I	S	L	E
T	O	E	S

3.

T	U	N	A
U	S	E	D
B	E	A	D
E	R	R	S

4.

S	O	F	A
U	P	O	N
R	E	N	T
E	N	D	S

5.

L	A	C	K
O	B	O	E
S	L	I	P
S	E	N	T

6.

S	T	A	R
H	O	L	E
O	U	T	S
T	R	O	T

7.

L	I	F	T
O	D	O	R
W	E	R	E
S	A	K	E

8.

R	O	L	E
A	R	E	A
T	A	G	S
E	L	S	E

1	2	3	4	5	6	7	8
P	L	E	A	S	U	R	E

上級編

ASSOCIATION GAME
（PROFESSION）

　この章では職業（profession）を当てる連想ゲームをやってもらおう。

　連想ゲームの世界的なルールとして、ヒントの中に答えと語源を同じくするものはあってはならない。例えばdrive（運転する）をヒントにdriver（運転手）を当てても、面白くないだろう。

　初めのうちは読者のほとんどがヒントを頭の中で日本語に訳して、関連する単語を考えて、それからまた英語に直す、この手順で問題を解いていくだろう。けれども連想ゲームの目的は脳の中に新しいシプナスを作ることである。それを通して将来は、知っている英単語を聞いた時、頭の中に浮かぶのはその和訳よりも、それと関連する英単語になる。これは英語で物事を考えられるようになるための大きな一歩だろう。誰かと英語で話している時、詳しい内容を分からなくても大体どの話題について語っているかは知っているはず。例えば、自分は会社員だと言った時、その返事として、相手も自分の職業を紹介してくれるだろう。

　それでは問題。

次のヒント（3つずつ）から連想される職業を英語で☐の中に書いてください。

1. treat, hospital, operation ☐
2. care, family, home ☐
3. grade, blackboard, pupils ☐
4. lecture, students, research ☐
5. transport, passenger, cab ☐
6. fly, uniform, waitress ☐
7. calculate, books, tax ☐
8. travel, ship, uniform ☐
9. calculate, equation, solve ☐
10. perform, stage, balls ☐
11. speak, court, justice ☐
12. govern, speech, election ☐
13. perform, music, voice ☐
14. write, magazine, investigate ☐
15. interview, television, relay ☐

ASSOCIATION GAME (PROFESSION)

ピーターからの一言

1. treat は「治療する」の意味もあるが、知らない読者もいたと思う。一方の hospital（病院）は大きなヒントになっただろう。三つ目のヒント、operation（手術）を見れば、「医者」か「医師」だと思い付く。「医者」は英語で doctor か physician と言う。厳密に言うと operation を行うのは「外科医」(surgeon) だけれど。

2. フェミニズムの影響で、housewife という単語はアメリカでかなり嫌われるようになった。なぜかと説明すると、その中に含まれている wife（妻）によって、家に残って子供などの世話をするのが女性であるべきだ、と解釈できるからだ。という訳で、housewife の代わりに homemaker を使う人が増えている。

3. grade（成績を付ける）, blackboard（黒板）, pupils（生徒）から teacher を当てるのは簡単だろう。

4. lecture は「講義」または「講義する」の意味。これだけでも professor（大学の教師）が頭に浮かぶ。更に students（学生）と research（研究）も加わると確信をもてる。**3.** と **4.** を出題した理由に、出会う日本人で teacher と professor の区別が分からない人が多いことがある。また、似たような紛らわしい単語もある。全国で講演活動を行う僕の手元によく「I liked your speech.」と書いたメッセージが届く。伝えたい内容は「講演が気に入った」に違いないけれど、それなら「I liked your lecture.」と書かなければならない。speech は（政治家などが行う）「演説」だから。

5. transport は「運送する」、passenger は「乗客」、そして cab は「タクシー」なので、答えはタクシーの運転手、英語で taxi driver である。この単語は映画のタイトルにもなったので、英語が苦手な読者でも知っている人が多いだろう。ちなみに taxi driver は割となりやすい職業である。運転が上手であれば誰でもなれるよね。不況で仕事が無くなった日本人でも、この道を選んだ人が少なくない。西側の先進国で発展途上国からやって来た移民の間でも、人気の高い職業である。ニューヨークだとインド人、パキスタン人、韓国人や中南米出身の運転手が多い。一方、パリだとアルジェリア、モロッコ、ベトナムや中国系運転手をよく見る。もっとも、最初の頃は語彙も土地感も殆（ほとん）ど無く、運転手も乗客もかなり苦労する。そういえば去年は日本で初めてイラン人が運転するタクシーに乗った。しかし日本語が上手く、（福岡の）街も良く知っていて全く問題がなかった。

6. 英語で steward と stewardess の二つの単語があるが、職業名で男か女かが分からないものが好まれている今日、flight attendant の方が無難だ。ちなみに stewardess を中国語で「空中小姐」（空中のお嬢さん）と言う。

7. calculate（計算する）と tax（税金）は知っていても、books の意味を本の複数としてとらえたら、なかなか解けない問題だ。books のもう一つの意味は「帳簿」だから、正解は accountant（会計士）である。例えば「赤字である」ことは英語で The books are in the red. と言う。

8. uniform（制服）を着て、ship（船）で travel（旅する）者は「船乗り」、つまり sailor に決まっている。日本の女子中高生が着る「セーラー服」の語源も、sailor である。sail は sailboat（帆船）で航海する、という意味である。古代エジプトの頃から19世紀まで、海を渡るためには帆船が一番速い交通手段だったから、自然である。もっとも飛行機の登場によって sailor という職業もかなり人気を失ったらしい。

9. calculate（計算する）に equation（方程式）を solve（解く）者は、もう数学者（mathematician）に決まっている。学生時代一番悲しかったのは、可愛い女性と話をして「数学を専攻している」と言った途端、相手の顔色が変わって「なに？計算が好きなの？」という反応で、敬遠されたことだった。ちなみに数学者達は昔から計算

が嫌いだ。現在の電子計算機（computer）が生まれた切っ掛けも、数学者の計算嫌いだった。原爆を作ろうとした Manhattan Project（マンハッタン計画）には、何人もの数学者も加わっていた。彼らの役割は、色々複雑な計算をこなすことだった。彼らは莫大な計算量を減らす方法を探していた。そこで、ハンガリーが生んだ大天才、John von Neumann は電子計算機の原案を作り出したのだ。だから今のコンピュータを「フォンノイマン式」と言うのだ。「じゃ、計算もしなければ、数学者は一体何をしているのか？」と聞きたくなる読者も多いだろう。実は、数学の研究をやっている人達は考えることが一番好きなのだ。例えば、ある事実を、計算を少なくしてどうすれば証明できるのか、などなど。

10. 舞台（stage）上で、ボール（ball）などで芸を披露する（perform）者を（プロの）ジャグラー（juggler）と言う。「大道芸人」は street performer である。昔は juggler の技の範囲に手品も入っていたが、現在は手品をやっている人は magician（魔術師）と呼ぶ。僕が日

本で juggling（ジャグリング）を始めた頃、この単語は日本で殆ど知られていなかった。僕が日本最初のジャグリングクラブ「Malabaristas」を東京大学で設立したのは 1993 年のことだ。その影響もあって、最近は日本人の巧い juggler（ジャグラー）も大勢いる。自分にとって嫌な英語も教えよう：to juggle your way through life（多少ズルイこともしてやってのける）。

11. court はテニスなどの「コート」だけではなく「法廷」の意味もある。これさえ分かれば、答えは簡単。法廷（court）で話す（speak）のは主に弁護士（lawyer）である。court の意味を分からなかった人でも、justice（公正、公平）を見て分かったかもしれない。世界で（人口の割合で）一番 lawyer が多い国はアメリカだろう。それなのに、裁判が非常に長引く傾向が強い。ある友人は離婚して、子供の養育権を奥さんと裁判で争うことになってから 3 年も経ってしまった。当時 14 歳だった娘は裁判が終わる前に 18（成人）になってしまって、判決の（彼女に対する部分の）意味も失われる。裁判の費用だけがかさんで、大学教授である友人が貧乏になったことは間違いない。

12. election（選挙）から考え始めると、他のヒントを考慮しなくても「政治家」（politician）が頭に浮かぶ。それに govern（権力のある者が政治を行っている）と speech（スピーチ、演説）も加わると決まりだ。もっとも日本人の友人にこの問題を見せたら、bribe（賄賂（わいろ））や cheat（誤魔化す）をヒントに出すべきだ

と言われた。いずれそんな時代がなくなると期待したい。ちなみに govern を語源とする単語に、government（政府）や governor（知事）などがある。

13. 声（voice）を通して、音楽（music）を演じる（perform）ときたら「歌手」（singer）だとすぐ分かる。カラオケの発祥の地、日本ではテレビでの歌番組も非常に多い。そして歌手が普通の番組にコメンテーターなどとして出演することにも外国人は驚く。ちなみに、日本語でも使われているボーカル（vocal）と voice の共通の語源は、ラテン語の「vox」（声）である。

14. 雑誌（magazine）に書いて（write）、そのためにあれこれ調べたり（investigate）する者は「記者」、つまり journalist だろう。欧米では記者の社会的地位が日本より高い。だから、大抵の記者はかなりつんとしている。日本だと掲載誌をきちんと送付してくれるし、持って帰った写真や資料も返してくれる。とてもありがたい。過去一年間外国の新聞や雑誌に6回も取材されたが、掲載

誌を一度も見られなかった。

　一番嫌な想い出は、ハンガリーの大手週刊誌「Nok lapja」（直訳すれば、女性達の雑誌）である。ハンガリー大使館の広報部から電話が掛かってきて「取材に是非応じてください、お願いします！」。現れた記者が30分も遅れたのに「ごめんなさい」も言わない。予定取材時間が終わってもなかなか帰ろうとしない。絶対返すと約束した上に、中国の友人が送ってくれた（だからネガもない）写真を持って帰ったのに、返してくれなかった。それどころか雑誌には取材記事も掲載されなかった。それに「名刺を忘れた」と言って、渡してくれなかったので、こちらも催促したり文句を言ったりする手段が無い。

15. テレビ（television）で取材する（interview）人は、主にアナウンサー（announcer）とレポーター（reporter）だ。三つ目のヒントは、これらを分けるためのポイント。relay は（スポーツなどでの）リレー以外に「（テレビの）中継、中継放送」の意味もある。だから、正解は reporter である。実は、英語だと TV reporter と言わないと、新聞記者まで reporter に含まれるから、注意してほしい。

MISSING LINK
(ADVANCED)

中級編では、答えをリストから選んでもらったが、ここでは、自分で考えて書いてもらうことにする。

次の **1.**～ **10.**の問題の、それぞれの単語同士を結ぶ単語（Missing Link）を当ててください。

1. milk-☐　　☐-bar　　　　　＿＿＿＿＿
2. tea-☐　　　☐-board　　　　＿＿＿＿＿
3. coffee-☐　　☐-sprout　　　＿＿＿＿＿
4. living-☐　　☐-temperature　＿＿＿＿＿
5. play-☐　　　☐-floor　　　　＿＿＿＿＿
6. credit-☐　　☐-phone　　　　＿＿＿＿＿
7. hand-☐　　　☐-way　　　　＿＿＿＿＿
8. time-☐　　　☐-tennis　　　　＿＿＿＿＿
9. street-☐　　☐-accident　　　＿＿＿＿＿
10. electric-☐　☐-person　　　　＿＿＿＿＿

ピーターからの一言

1. milk chocolate は日本語でも「ミルクチョコレート」だが、chocolate bar という英単語を知らない人は多い。その意味は「板チョコ」である。お酒が好きな人にとって bar は pub と並んで、居酒屋の一種であるし、体操が好きな人にとっては parallel bars（平行棒）か horizontal bar（鉄棒）を思い出させるかもしれない。しかし bar にはかなりの数の意味がある。例えば、法廷の意味もある。それとは関係なく、元の「棒」の意味から behind bars は「服役中」である。映画などで見る鉄格子を考えればすぐ納得できる。

2. teacup は「（紅茶用）茶碗」のことである。家に招いた外国人に「お茶はいかがですか？」と聞きたい時、Would you care for a cup of tea? と言うのが一番丁寧だ。英語に自信がなければ、Tea? Coffee? と聞いても十分通じる。cupboard は「食器棚」である。cup をそこに入れると考えると結構覚え易い。

3. これは bean sprout（もやし）を知らない人には難し過ぎたかもしれない。まあ、coffee bean（コーヒー豆）は皆さん知っているだろうが、coffee を見て頭にどんな英単語が浮かぶのだろうか？日本でも人気の coffee shop（コーヒーショップ）かな？それともコーヒーをいれるための機械 coffee maker かな？日本人ほど働き者ではない外国人の頭には、先ず休憩時間の意味をもつ coffee break（コーヒーブレーク）が浮かぶに違いない。

sproutは「芽」の意味だから、「beansprout」(豆の芽)が欧米には元々なかった「もやし」を指すようになった。

4. living roomは日本語化されて、短く「リビング」となっている。マンションを売り込む広告でよく見かける「3 LDK」の「L」も、もちろんこのliving roomから来ている。「DK」はdine-in kitchen(ダイニングキッチン)からだ。家が広いアメリカではdining room(食堂)とkitchenが別々にあるのは当たり前になっている。だからアメリカで、家の広告にはbedroom(寝室)の数だけを載せるのが普通だ。もしアメリカの広告で「One bedroom apartment」を見かけたら日本の「2 LDK」を想像してほしい。

room temperatureは「室内温度」でoutside temperatureは「気温」だがtemperatureだけでも良い。しかしこれにはbody temperatureの「体温」も入ってしまう。親は子供に、看護婦は病人に、Let me take your temperature.(体温を計りましょう)と言っ

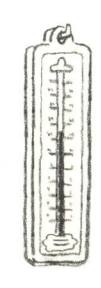

て体温計を出すのが普通だ。一方、アメリカで体温計を買うときは気を付けて。温度は摂氏（Celsius）何度ではなく、華氏（Fahrenheit）で示すのだ。

換算式は次のとおりである：
　　m℃＝（32＋m×1.8）℉　　　　と
　　n℉＝（(n−32)÷1.8)℃
で暗算しにくい。だから目安になる幾つかの値を覚えれば良い。気温では

20℃＝68℉、30℃＝86℉（6と8の順番がちょうど逆になっているのでとても覚え易い）。体温の場合は

99℉＝37.2℃、101℉＝38.3℃（99°の場合は有名な映画のタイトル「37.2℃」を思い出せば良い。101°の場合はそれに1.1（101に似ているよね）を足せば良い)。

まあ、覚え方はともかく、外国では体に気を付けて、病気をしない方が良い！

5. playgroundは「遊び場」の意味で、他にはhome ground（ホームグラウンド）そして地下や地下鉄の意味を持つundergroundもある。ただし、アメリカでは「地下鉄」をsubwayと言う。イギリス英語とアメリカ英語の違いは他にもたくさんある。floor（階）の数え方もその一例である。アメリカ、日本、ロシアや中国などでは、入口のある階が一階である。ヨーロッパの大半では建物に入る階はground floorである。ちなみにfloorはもともと「床」の意味だ。

6. credit card（クレジットカード）は日本でも非常に増

えてきた、持っていないサラリーマンや大学生が珍しくなったほどだ。それでも使用率はアメリカ大陸に比べると断然低い。僕がクレジットカードを一番たくさん使用したのはアルゼンチンでだった。アイスクリームなどの500円程度しかかからない物までカードで買った。さすがに二週間ちょっとで限度額を超えてしまって、別のカードに切り替えなければならない羽目になった。

　逆に欧米より日本の方が頻繁に見かけるcardもある。それはbusiness card、つまり「名刺」である。英語の単語からも分かるように欧米では名刺を通常ビジネス関係だけで使うのだ。この間、早稲田大学の教授に就任した時、大学からcard case（名刺入れ）に入った、200枚の名刺をもらった。一方、今まで数学の国際会議などで何百人もの各国の大学の先生に会ったが、その中で名刺を持っていたのは日本人などの東洋人だけだった。

　card phoneは「カード用の公衆電話」であるけれど、アメリカでは決して日本ほど多くない。だからこの単語はアメリカではほとんど使われていない。一方、世界諸国を旅するとしばしばcard phoneを使うことがあるので、旅行者にとっては大切な用語である。もっとも、海

外から日本へ電話するための一番安い方法は、現地で暗証番号付きの prepaid card（プリペイドカード）を利用して、ホテルの部屋か公衆電話から電話を掛けることだ。この間ソウルに行った時、向こうで買った prepaid card で日本に電話した料金は、東京で買った prepaid card や韓国の phone card（テレカ）の半分以下だった。ちなみに「公衆電話」は英語で pay phone と言う。

7. ちょっと思い付きにくかったかもしれないけれど、両方の言葉は電車と密接した関係がある。handrail は電車などの手摺りやバルコニーの欄干で、railway は「鉄道」である。後者は日本人にも馴染み深い：JR は Japan Railways の略である。railroad の rail の意味は「横木」、「軌道」などがある。英国で on the rails は「順調に」、つまり「軌道に乗って」の意味である（アメリカでは on the track と言う）。ちょっと紛らわしいけれど、アメリカでは長距離鉄道を railway よりも railroad と呼ぶのが一般的だ。railway にしても railroad にしても、way と road は日本語の「道」にぴったりだ。一方、rail と「鉄」はあまりマッチしていない。実は、英語を除いた外国語を調べると、「鉄道」を「鉄の道」と言う場合が圧倒的に多い。

8. これは割と簡単だったと思う。「時間割」や「時刻表」の意味をもつ timetable も、「卓球」である table tennis も日本でもよく知られている英単語だ。table tennis を俗語で Ping-Pong（ピンポン）と言う。この由来はわからないけれど、世界的に使われている。time で始まる

表現中で人間が古くから最も関心があるのは、time travel（時空旅行）やそれを可能とする time machine だと思う。どちらも夢のまた夢であるから、英英や英和辞典にも載っていない。載っているのは、現実的な人達が関心を持つ time deposit（定期預金）や time sheet（タイムカード）などである。

9. streetcar は「市街電車」であり、東京だと「都電荒川線」だけではなく、路面を走る私鉄も streetcar であるが、地下鉄はやはり subway で streetcar と呼ばない。僕にとって street で始まる最も大切な言葉は、street performance（大道芸）と street performer（大道芸人）である。今でも全国の路上でやっているから、気楽に声を掛けてください。この本を持ってくると喜んでサインもするよ。ちなみに sign は英語で「サイン」ではなく「署名」の意味だ。「サイン」は英語で autograph と言う。だから英語で声をかける時は、Sign, please! ではなく (Give me your) autograph, please! と言うのが正しい。

　car accident（自動車事故）は決して楽しい言葉では

ない。しかし年間一万人程の日本人が traffic accident（交通事故）によって亡くなるので知っていた方が良い（正式の統計ではこの数が最近減っているけれど、日本の「交通死亡」の定義がおかしい。救急医療、延命装置が発達している今日でも、24時間以内に死亡する人しか数えていない！）。car で始まって、日本語になっている単語として car ferry（カーフェリー）、つまり自動車と一緒に乗れる船がある。

10. electric chair は死刑用の「電気椅子」である。ヨーロッパの先進国で死刑がなくなってから20年も経っているけれど、アメリカや日本ではそんな気配がない。ちなみに、日本の輸出のかなりの部分を占め続けている「電化製品」を、英語で electric appliances と言う。

　chairman は、ある組織の一番偉いメンバーを指す。例えば、大学では「学部長」を chairman of the department と言う。一方、大学全体のトップ、「学長」は president of the university と言う。民間企業のトップを COB（chairman of the board、代表取締役）または CEO（chief executive officer、最高経営者）と言うけれど、「社長」は president of the company である。もっと紛らわしいことに、アメリカでは chairman は女性に対する差別であるという考え方が主流で、代わりに chairperson を使うことが多い。

ANAGRAM
(ADVANCED)

ANAGRAMについては中級編で説明したが、ここでは、より高度なANAGRAMを紹介しよう。問題の単語の文字数がふえたがどれも皆さんおなじみの単語だと思う。どうしても分からなかったら、ヒントとして和訳を直後に載せたので、それを参照してほしい。

それでは問題。次の文章の_____のところに、大文字で書かれた単語のアナグラムを書いてください。

1. I dreamed that I was in Hell, and the _____ was telling me "If you had **LIVED** an honest life, you would not be here."
2. Your _____ comes once a year. Some people think it's a **DRY HABIT**.
3. The summit lasted for several days. The _____ reporters had no choice but to **LIVE ON SITE**.
4. If you want to pull a huge log, an _____ might give you **NEAT HELP**.
5. To improve the state of _____ in the schools, let every bright **IDEA COUNT**.
6. When I entered a _____ to eat lunch, I noticed a weird sign "**RENT US A RAT**."
7. When **THE MARGIN** of profit fell below 1%, the president of the company had a _____ during his

ANAGRAM (ADVANCED)　175

sleep.
8. "Is this for women only?" asked the Japanese _____ entering a restroom in the White House. **"I PERMIT MEN SIR,"** answered the attendant.
9. While taking the _____ to the 15th floor, the president was deciding whether to cast a **REAL VETO**.
10. The man said "**I REPRESENT** Siemens, it is a private _____."

(和訳)
1. 夢の中で地獄にいた。そして _____ は「真面目な生活を営んでいたら今はここにいなくて済んだのにな」と言った。
2. _____ は誰にとっても年に一度来るものである。味も素っ気もない習慣だと思っている人もいる。
3. 首脳会議は何日間も続いた。_____ レポーターは現場に住むしかなかった。
4. 巨大な丸太を引っ張りたいなら、_____ が良い助けになるかもしれない。
5. 学校での _____ の状況を改善するために、すべてのうまい発想を大切にしよう。
6. _____ に昼を食べに入った時、奇妙な看板に気が付いた。「鼠を貸してください」
7. 利鞘（ざや）が１％を下回った時、社長は寝ている間 _____ を見た。
8. 「ここは女性専用か？」とホワイトハウスの化粧室に入りながら、日本の _____ が聞いた。「男でも

結構です」と係員が答えた。
9. 拒否権を発動すべきか否かと、大統領は＿＿＿＿で15階まで行く間考えていた。
10. 男は「僕は民間＿＿＿＿である、シーメンスの代表である」と言った。

ピーターからの一言

1. は読者のほとんどができたはずだ。Hell（地獄）と聞けばすぐ DEVIL（悪魔）を連想するはずだから。更に、DEVIL は丁度 lived を右から読んだものであるから、「アナグラム」としても易しい方だ。

2. も「一年に丁度一度来るものは何だろう？」と考えると、dry habit をヒントに BIRTHDAY（誕生日）はすぐ思い浮かぶのではないかと思う。ところで、人は年を重ねると共に誕生日の喜びが減っていく。Lewis Carroll 氏の日本でも有名な童話「不思議の国のアリス」には、毎日宴をする二人が出てくる。二人は何を祝っているか、

それは un-birthday（非誕生日）である。誕生日は年に一度しか来ないことを残念だと思った二人は、非誕生日は年に364回（か閏年で365回）もあると気が付いて、それを祝うようになった。「もうこれ以上年を取るのが嫌だ」と思う人にも、是非この祝い方をお勧めする。誕生日以外の日は全部「今日も年を取っていない」と喜べば良い。そして誕生日の日だけ悲しめば済むのだ。

3. テレビのニュースを読むスピードが、昔よりうんと速くなったらしい。一般的にも我々の生きるスピードは速まったような気がする。それに伴って、使っている単語が短くなる傾向にある。TELEVISION（テレビジョン）もその一例である。アメリカでは TV、日本では「テレビ」と短くなってきた。それにしても 2000 年の沖縄サミットはマスコミを騒がせた割に、成果がほとんどなかった。2000 年度だけではない、先進国首脳会議はもう意味が大分薄くなってきた。開催に掛ける莫大な費用を ODA にでも回した方が良いのではないだろうか。報道陣の負担も減るし。

4. 日本人の頭の中には、ふつう ELEPHANT ではなく「象」がファイルされているのでこの問題は難しかったと思う。逆に、このようなゲームをたくさんやることによって、読者の頭の中に、日本語のファイルと平行に英語のファイルもどんどん作られていくことを期待している。難しいとは言え、答えを見た時、誰しも「なるほど」と納得する。テレビなどの映像で ELEPHANT が log（丸太）を引っ張る姿を見たことがあるからだ。2000 年

の1月スリランカに行って来た。内戦状態が続く国の割に、とても静かで、居心地が良かった。政治の中心Colombo（コロンボ）は海辺に近く暑いけれど、最大の観光地として知られているCandy（キャンディー）は軽井沢のような山の中で、とても過ごし易い。それにしても、甘い物と全く同じつづりの名前「Candy」に驚いた。一泊しかしなかったが、着いた日はすぐ運転手付きの車を借りて周辺を観光しに行った。運転手に象を見たいのかと聞かれ、二つ返事でYesと言った。大掛かりな観光スポットではなく、一日中働いてきた象の体を係員が洗う所だった。2頭の象が川に入って横になっていた。君が洗っても大丈夫だよ、と促されて、靴を脱いで川に入り象の首と顔を洗うことにした。横になっている時はどのくらい大きいのか分からなかったけれど、体がきれいになった象が立ち上がって川から出てくると、さすがに圧倒された。隣に、生き物ではなく一軒の家が立っているような感じだった。正直言って怖かった。

5. この問題をアメリカ人の友人に出題しても、なかなか

できなかった。学校から教育をすぐ連想するかがポイント。日本では学校教育がずっと話題になっているから、日本人ですぐできた人もいたと思う。EDUCATION はその国の未来へ絶大な影響を持つので、出題文のように全てのうまい発想、賢いアイデアを（改革のために）役立てるべきだ。形容詞の bright は idea（アイデア）に対して「賢い、うまい」の意味だから、この場合 bright idea を「名案」と訳した方が良いかもしれない。ちなみに色に対して bright は「鮮やか」という意味だ。bright の最も一般的な意味は、「明るい」である。例えば、This room is very bright.（この部屋はとても明るい）や、It is bright and clear today.（今日は快晴だ）などがある。

6. 10問中でこれは一番簡単だろう。昼を食べる所は大体のサラリーマンや OL にとっても RESTAURANT（レストラン）だからね。実はレストランという単語はロシア、ドイツなど、ヨーロッパの多くの国でも通じる。語源はフランス語の restaurer（良い状態を取り戻す）である。日本語の諺に「腹が減っては戦ができぬ」がある。空腹の状態で良い仕事はできないの意味だ。それと同じで、人間を心身共に良い状態に取り戻す意味から RESTAURANT という単語が生まれた。ちなみに、建物、絵画、彫刻などを良い状態に取り戻す、復元する作業を英語で restoration と言うが、フランス語では restauration なので、同じ語源だと分かる。日本史の流れを大きく変えた「明治維新」を英語で Meiji Restoration と言うのも、この意味合いから納得できる。

7. ヒントの THE MARGIN からすぐに NIGHTMARE を作るのは難しいかもしれない。一方、意味を考えると会社の状態が悪い時に見る夢はおそらく「悪夢」だろうと思い付くことができる。日本語では悪夢を「見る」だが英語では see a NIGHTMARE ではなく have a NIGHTMARE と言う。NIGHTMARE を調べると、night は夜だと中学生でも分かる。一方の mare は辞書で「雌馬」と書いてある。これで、なぜ NIGHTMARE が悪夢の意味になるのか？もっと深く掘り下げて、mare の古語的意味「悪霊」まで調べると納得する。MARGIN（利鞘）は marginal な（あまり重要でない）単語だけれど余裕があれば覚えてください。日本語でも小売業の「中間マージン」などで使われている。

8. ここは White House（ホワイトハウス）が一番大きなヒントだ。そこには一般の人は入れない。だから政府の要人だろうと思い付けば解けるはず。prime は「最も重要な」、「最良」の意味だ。大臣（minister）中で最も重要な（prime）ので、総理大臣を PRIME MINISTER

と呼ぶ。prime には「何かの始まり、元」の意味もある。prime number が「素数」であることも、数学者である僕は紹介しないではいられない。英国では小学校を primary school、中学校を secondary school と言う（アメリカでは elementary school と (junior) high school となる）。second は first, second の second であるけれど「prima」は？これはラテン語で first の意味だ。「プリマ・ドンナ (prima donna)」という、オペラの主演女優を指す言葉を聞いたことがある人もいるだろう。

9. これも割と易しい問題だ。ELEVATOR は日本語でもエレベーターだし、15 階まで行く乗り物も、エレベーター以外には考えにくい。分からなかった人は、きっと take の（乗り物に）乗るという意味を思い出さなかったのだろう。英語では、自分が動かしていない乗り物についても take を使えるので、とても便利だ。例えば、take a train, take a bus, take a cab（タクシー）, take a plane（飛行機）, take a boat（船）, take the subway（地下鉄）などなど。

基本的な意味をもつ大抵の単語に、英語ではゲルマン系とラテン系の単語が一つずつ対応している。動詞「持ち上げる」の場合も、ゲルマン系の lift とラテン系の elevate がある。こう考えると、アメリカでは elevator、英国では lift を使うのも不思議ではない。ちなみに veto もラテン系で prohibit（禁止する）の意味だ。veto の ANAGRAM に vote（選挙などの票）がある。日本語では一票を投じる（throw）と言うが、英語では veto と vote の両者に対して、throw の類義語 cast を用いて、

cast a veto（拒否権を発動する）、cast a vote（票を投じる）と言う。もっとも、veto も vote も動詞としても使える：The US vetoed the resolution.（アメリカは決議案に対して拒否権を発動した），She voted for Bush.（彼女はブッシュに一票を投じた）

10. 正解の日本語での意味は「企業」、「会社」だとヒントの文章を読めばすぐ分かる。だから I REPRESENT から ENTERPRISE に辿り着けるのかが問題だ。もっとも、日本でも会社の代わりにエンタープライズを使う企業もある。ゲームソフトの大手「セガ・グループ」は、分割する前には「セガ・エンタープライゼズ」という社名を使っていた。private ENTERPRISE（民間企業）の対語は government ENTERPRISE（国営企業）だろう。日本で非常に多い「公益法人」public interest corporation はこの二つの間にある。どちらでもないから問題点が多いのかもしれない。

3 - CONNECT
(ADVANCED)

　同じ3-CONNECTでも上級編は難しくなる。この章の問題では出発の単語から目指す単語に到るまで少なくとも5回の変化が必要である。初級・中級では変化の回数がヒントとなっていたが、ここでは、それを示さないので、別に紙に書いたりしてやってみよう。
　さあ、問題だ。次の単語同士を結んでみよう。

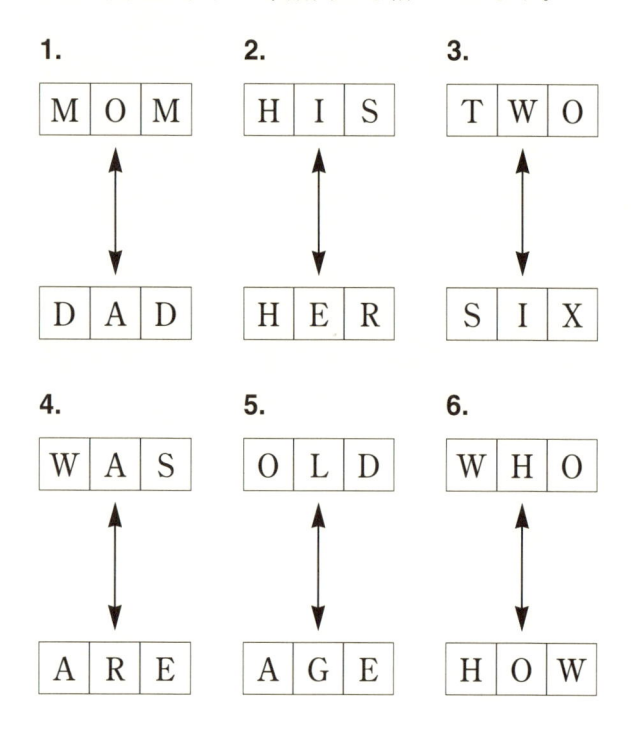

1.
| M | O | M |

↕

| D | A | D |

2.
| H | I | S |

↕

| H | E | R |

3.
| T | W | O |

↕

| S | I | X |

4.
| W | A | S |

↕

| A | R | E |

5.
| O | L | D |

↕

| A | G | E |

6.
| W | H | O |

↕

| H | O | W |

7.

| M | A | N |

↕

| A | P | E |

ピーターからの一言

1. MOM は「お母ちゃん」の意味で、子供同士の会話で your MOM や his DAD はよく登場する言い方である。my mother, my father はどちらかと言うと大人言葉である。日本語の「おやじ」に対応する英語は my old man である。しかし「うちのおふくろ」は my old woman とは言わない、くれぐれもご注意を！ MOM を MUM と書くこともある。それも許すと、MOM — MUM — MUD — MAD — DAD といったもっと短い結び方もある。

MOW は「刈る」の意味で、LAWN MOWER（芝刈り機）を知っている日本人も多い。

SAD は「悲しい」の意味だけれど「残念！」の意味でも使える。例えば、誰かが亡くなったなどの悲しいニュースを聞いた時 How SAD！と言えば同情が伝わる。また、I am SAD to say, but 〜は「残念だけれど〜」と同じである。では例文：When I SAW MOM SOWING flowers and DAD MOWING the lawn, my SADNESS was gone.（母が花を植え、父が芝を刈る姿を見た途端悲しくなくなった）

2. この問題で出てくる新しい単語はPER（…につき）だけである。一番良く使われているのはPER CENT（パーセント）、つまり「100につき」だけれど、「100」の意味のcentも覚えるとcentury（世紀）はなぜ「100年」であるかとか、1ドルはなぜ100セントであるかなどがわかる。PITは「穴」だが、PITFALLは「落とし穴」である。例文の中でこのPITFALLを使おう：
Your PET, my PET, HIS PET, HER PET, sounds nice but there is a PITFALL to it. Do you know, which PERCENTAGE of all PETS end up being HIT by a car?（あなたのペット、私のペット、彼のペット、彼女のペット、響きは良いけれど、そこには落とし穴がある。ペットの何パーセントが車に轢かれてしまうかを知っているのか？）

3. 1から10までの数字の英単語を調べると、その中で

3文字言葉は四つもある：one, two, six, ten。SIXとTENを結ぶのは一番簡単（SIX — SIN — TIN — TEN）。その理由は、どちらもconsonant-vowel-consonant（子音—母音—子音）のパターンであることにある。まあ、解答に難しい単語は登場していないので、いきなり例文を紹介しよう：

The load was TOO much for a TWO-TON truck, so I let my SIX SONS walk all the way. Is this a SIN？（2トントラックには荷物が多過ぎたので、6人の息子を目的地まで歩かせた。これは罪なのか？）

4. WASとAREはBE動詞の活用形で、HASはHAVEの活用形である。HISとHIMはHEの活用形だ。ARMは「腕」でHe is the president's right arm.は「彼が社長の右腕（もっとも信頼できる助力者）である」の意味だ。within arm's reach（手の届く所）は抽象的な意味でも使える。Final victory is within arm's reach.（最終的な勝利まで、あと、ひと頑張りだ）はいかにも時の独裁者が庶民を戦争に送りこむために用いる表現のように聞こえる。We are waiting for you with open arms.は「両手を広げて待っている」、つまり心から歓迎するの意味でよく使われる。AIMは以前も出てきたけれど「目指す、狙う、（銃などを）向ける」が主の意味だ。では例文：

ARE you the one, who HAS AIMED HIS own gun at HIM? Yes, it WAS after he shot me in the ARM.（彼自身の銃を彼に向けたのはあなただった？ええ、彼が僕の腕を撃った後だった）

5. ODD も ADD も数学の用語である。ODD は「奇数」、ADD は「足す」、「加える」の意味だ。一方 ODD は「変な」の意味でも使われる：It is an ODD feeling.（不思議な気持ちだ）。また、IQ Test などに登場する、ODD MAN OUT（異質の物を外す）と呼ばれる問題がある。これを二つの例を通して説明しよう。

次の各グループの中で他と仲間外れになっている物はどれだ？

(1) Berlin — London — New York — Paris — Rome — Tokyo
(2) 秋田―新潟―石川―栃木―広島―福岡―沖縄

ついでに数学の用語をもう少し紹介しよう：addition（足し算）、subtraction（引き算）、multiplication（掛け算）、division（割り算）、また even は（多数の他の意味と同時に）「偶数」である。

AGE は「年齢」と「時代」の意味もある。例えば、MIDDLE AGE は「中年」で a MIDDLE-AGED man は「中年の男性」である。一方 MIDDLE AGES は「中世」で、We do not live in the MIDDLE AGES. は「もう中世の世の中ではない」の意味だ。

How OLD are you?, Can you tell me your AGE? はいずれも「何歳ですか？」の意味だが、最近アメリカでは男性の歳を尋ねるのもタブーになっている。もう一つ、昔からタブーであるものは How much do you make?（給料は？）である。相手の金銭状況をどうしても知りたいのなら What car do you drive?（どんな車を持っているの）と訊けば良い。おおよそ判断がつくだろう。では例文：

If you cannot ADD the first 100 ODD numbers without the AID of a computer or without your ARMS getting tired, it does not mean that your life was AIMLESS, it is simply a sign of OLD AGE.（コンピュータの助けか腕の疲れをなくして最初の百個の奇数の和を求められなくても、人生が無駄だった訳ではない。年を取ったことのしるしである）

念のために先ほどの　ODD MAN OUT の答えも書いておこう。(1) はニューヨーク（首都ではない）。(2) は石川（石川県に石川という市がない)。

6. 疑問詞の WHO（誰）と HOW（どのように）は、つづり替え（anagram）でもあるから色々な意味で縁がある。それなのに WHO から HOW までの道は結構長い。

では登場する単語を使った、役に立つ表現を幾つか紹介しよう。日本の前首相、森喜朗はアメリカ前大統領のクリントンに、How are you?（元気ですか？）の代わりに間違って Who are you?（あなたは誰）と訊いたという噂が沖縄サミットの後に流れたけれど、どうも事実無根のようだ（岩波新書の「英語と私」の中に、筑紫哲也

が書いている)。

　Who are you? はかなりよそよそしい質問だから、できる限り避けてほしい。電話に出た時、相手が分からなければ「どなたさまですか」と聞くけれど、英語ではWho is calling? と言うべき。家のベルが鳴った時も、扉越しで Who are you? ではなく Who is it? と聞いた方が丁寧だ。一方の How are you? How are you today? は友達同士でも使える。双方とも「なぜ」の意味をもつ Why と How come を比べるとやはり Why の方が実務的で、How come の方が柔らかい。例えば、自分をすっぽかした相手に翌日、Why did not you come yesterday?（昨日はなぜ来なかったの）と言うか、How come you did not come yesterday?（昨日は来なかったね、どうしたの？）と言うかでニュアンスが違う。前者の方が相手を責めるという感じ。友達同士で How was it?（どうだった）もよく使う。英国では最も無難な挨拶は How do you do? であるが、これは決して質問ではない。答えも How do you do? で良い。

　僕の印象では（日本と同じ島国である）形式にこだわる英国人の方が、アメリカ人より日本人に精神的には近い。初対面の人と天気のことを話し合う習慣も一緒だ。僕は中学生の時 We have a nice weather, haven't we? という表現を習ったけれど、28歳になるまで使ったこともなかったし、実際の会話の中で聞いたこともなかった。1981年に3カ月間イギリスの大学で研究員を務めることになった。場所はロンドンから60キロ離れた地方都市 Reading（レディング）だった。今でも鮮明に覚えて

いるが、レディングに着いた翌日（2月16日）冷たい雨の中、寮で食べたすごくまずい朝御飯の味を消すため、大学までの道の途中にあった小さな雑貨屋にチョコレートを買おうと入った。英国製の 50 グラムの板チョコ Cadbury をレジに持って行くと、店の後ろから出てきた 50 過ぎの女性は、作った笑顔で We have a nice weather, haven't we?（今日は天気が良いですね）と挨拶した。ざあざあ降っている雨の音がはっきり聞こえているあの店、ズボンがびしょ濡れで体が冷えた僕は一瞬、Are you crazy? I have never seen worse weather in my life!（頭は大丈夫？これより嫌な天気なんて体験したことが無いぞ）と答えようと考えた。しかしその時、中学生の頃 3 カ月間だけ通っていた英会話学校を思い出して、遠い故郷への熱い想いが心を和らげた。そして Well, Reading is a nice town, isn't it?（レディングは良い街ですよね）と応えた。

　ちなみに、この付加疑問文の isn't it も日本人と同様、相手に気を使って、物事を言い切らない英国人の特徴だ。

上級編

アメリカ人はIt is hot today.（今日は暑い）と言うのに対して、英国人はIt is hot, isn't it ?（今日は暑いよね）と言う。もちろん人によるけれど。

では例文だ： HOW come you didn't ask Mary, WHY she was SOWING SOY? I was too SHY.（いったいどうしてメアリーに大豆の種をまいている理由をきかなかったんだい？恥ずかしかったんだよ。）

7. APE は3文字英単語のリストに載ってないけれど「類人猿」の意味である。APE MAN は「猿人」である。APE から MAN までの道が長かったのと同様、MAN と APE を最短距離で結ぶのでも8回の変化が必要だ。では例文：

ARE you sure DAD that the MAD MAN DID enter the cage of the APE with no ARMS, with the AIM of giving it first AID?（お父さん、狂人が武器無しで類人猿の応急手当をする目的で檻の中に入ったというのは確かなの？）

(ガーナにて)

3-CONNECT (ADVANCED)

4 - CONNECT
（ADVANCED）

いよいよ最後の章だ。4 - CONNECT の難問を紹介しよう。二つの単語を結ぶ変化の回数も問題のうちだ。後半の数問はマニア向けと言ってもよいかもしれない。今までの集大成として頑張って挑戦してほしい。

なお、やり方を習得した読者は、自分で問題を作ってみることを強くおすすめする。

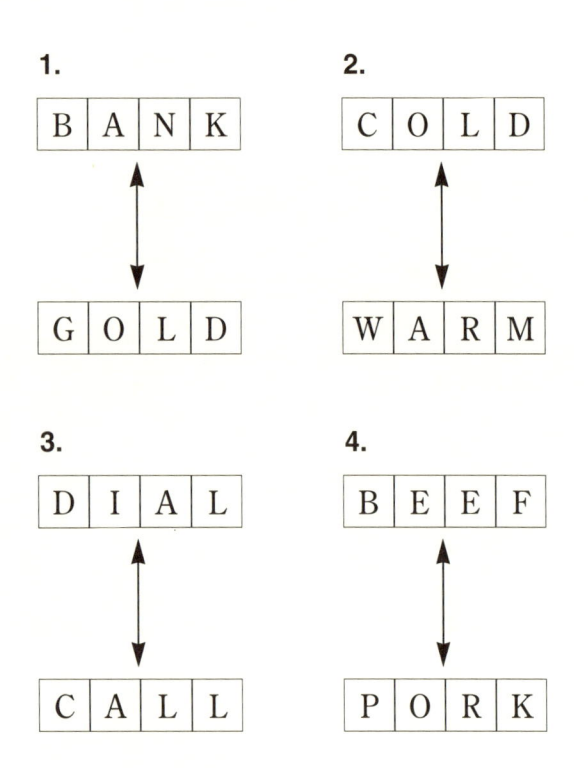

1.

| B | A | N | K |

↕

| G | O | L | D |

2.

| C | O | L | D |

↕

| W | A | R | M |

3.

| D | I | A | L |

↕

| C | A | L | L |

4.

| B | E | E | F |

↕

| P | O | R | K |

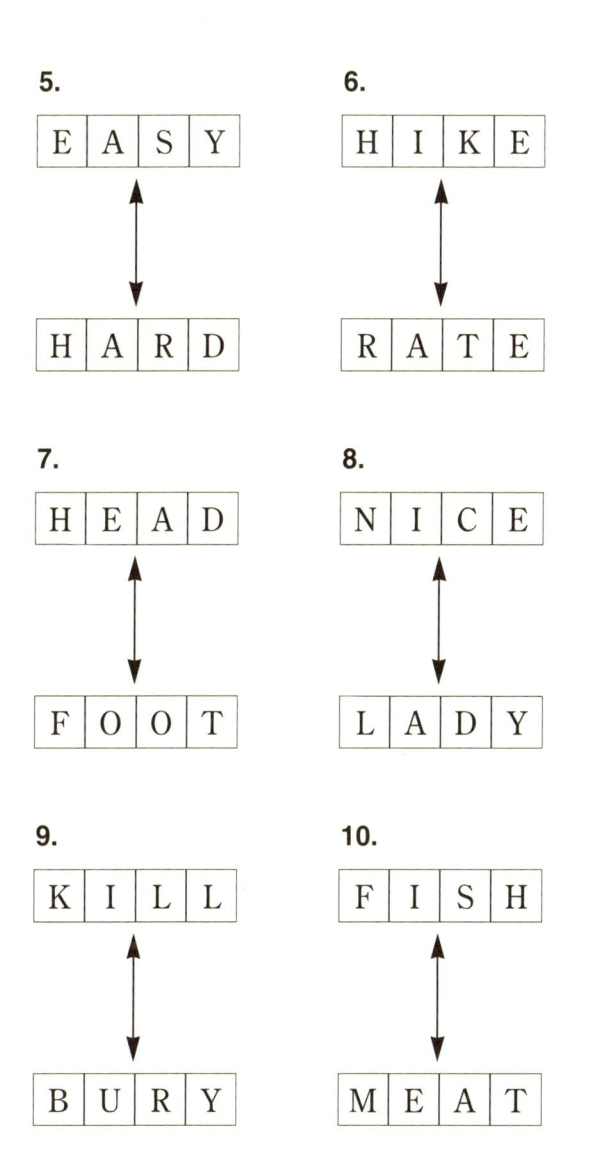

5.

| E | A | S | Y |

↕

| H | A | R | D |

6.

| H | I | K | E |

↕

| R | A | T | E |

7.

| H | E | A | D |

↕

| F | O | O | T |

8.

| N | I | C | E |

↕

| L | A | D | Y |

9.

| K | I | L | L |

↕

| B | U | R | Y |

10.

| F | I | S | H |

↕

| M | E | A | T |

上級編

4-CONNECT (ADVANCED) 195

11.

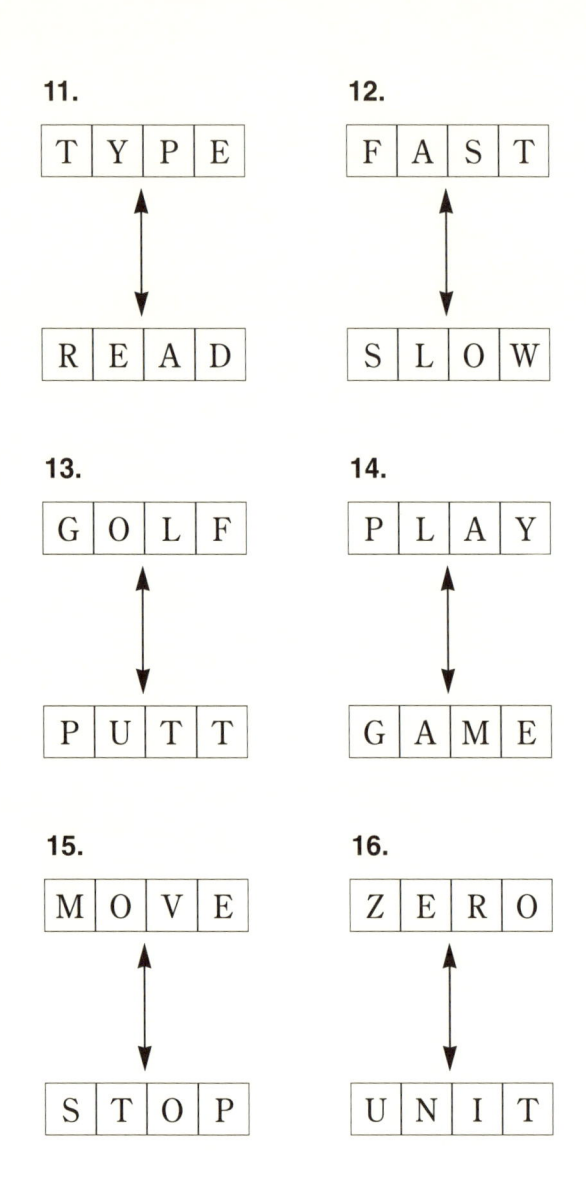

| T | Y | P | E |

↕

| R | E | A | D |

12.

| F | A | S | T |

↕

| S | L | O | W |

13.

| G | O | L | F |

↕

| P | U | T | T |

14.

| P | L | A | Y |

↕

| G | A | M | E |

15.

| M | O | V | E |

↕

| S | T | O | P |

16.

| Z | E | R | O |

↕

| U | N | I | T |

ピーターからの一言

1. BANK（銀行）、BAND（バンド）や GOLD（金）のことなら読者の皆さんもご存知だと思う。BALD（禿げている）と BOLD（無鉄砲な）は、発音がほとんど同じだから気を付けよう。

2. COLD（冷たい、寒い）と WARM（温かい、暖かい）なら誰でも知っている。CARD（カード）は日本語にもそのまま使われている。CORD（コード、紐）も、コードレス（英語で cordless）などとともに日本語に定着している。WARD は、「区役所」の英訳 ward office の形で見かけることが多い。

3. DIAL も CALL も「電話をかける」という意味があるけれど、DIAL は番号を押したり回したりするのが主だ。DIAL は元々（時計などの）「目盛盤」であって、SUNDIAL と言えば「日時計」のことだ。DEAL は「配る、取引する」の意味で、「車を売買する人」を car dealer と言う。HEAL は「治す」という意味で、ヒーリング（HEALING）は最近かなりの人気があるらしい。HELL は「地獄」で、HALL は日本語でも「ホール（公会堂）」として使われている。

4. 正解の7つの単語がすべてカタカナ語にもなっている：ビーフ、ビート、ベスト、ペスト、ポスト、ポート、ポーク。

5. EASY（簡単）と HARD（難しい）は反意語でもある。もちろん HARD には「硬い」という意味もある。BASE は三角形の「底辺」や、（沖縄などの）「基地」である。BARE は「裸」の、HARE は rabbit と一緒に「うさぎ」の意味だ。First, catch your HARE (,then cook him.) は、日本語の「取らぬ狸の皮算用」で、結構似ていて面白い。

6. HIKE には、「ハイキング」と「引き上げる」の両方の意味がある。RATE は「割合」だけど、国内で最も気になるレートは interest rate（利子）、また外国では exchange rate（為替相場）だろう。そこで RATE HIKE は「利子（特に公定歩合）の引き上げ」である。

7. BEAD は日本語でも「ビーズ」で、BOAT（ボート）も BOOT の複数形である boots（ブーツ）も日本語に使われている。BEAT は「殴る、叩く」の意味だが、8-BEAT（エイトビート）など、「拍子」という意味もある。

8. PINE は「松」である。次の 4 個の単語は複数形だが、単数形の意味を挙げよう。PIN はボーリング、ジャグリングなどの「ピン」、PAN はフライパンの「パン」、PAD はマウスパッドの「パッド」だ。LAD は gal（ギャル）の男版である。LADY は「貴婦人」で、young LADY は「お嬢様」の意味だ。

9. BILL は「勘定」。欧米のレストランでは、日本のように出口で払うのではなく、ふつう勘定書きをテーブルまで持ってきてもらう。食事が終わったら BILL, please. と言えば良い。BELL（ベル）、BELT（ベルト）、BEST（ベスト）と BUST（バスト）は、皆日本語にそのまま使われている。BURY は「葬る」という意味だ。

10. FIST は「拳」で、PAST は「過去」。PEST（ペスト）と BEST（ベスト）は日本語になっている。BEAT も既に使った。

11. TYPE（タイプ）は「好みのタイプ」以外に、ワープロなどで「打つ」という意味もあるから、READ（読

む）とペアにした。TAPE はテープで、TALE は「御伽噺（おとぎばなし）」だ。TALL は「背が高い」という意味。（なお、**11.**以後の解答は1例だけを示した）

12. FAST は「速い」で、SLOW は「遅い」である。解答例にあげた単語で未解説なのは、SPAT（スパッツ）とスロットマシーンの SLOT（穴）だけだ。

13. GOLF はもちろん「ゴルフ」で、PUTT はゴルフの「パット」である。解答例にあげた単語で未解説なのは CARS（車の複数形）、CATS（猫の複数形）と CUT（切る）や PUT（置く）の三人称単数だけだ。

14. PLAY a GAME は「ゲームをする」、SLAY は「殺す」LOCK は「鍵をかける」という意味だ。LACE は日本語でも「レース」で、LACK は「足りない」の意味である。LAME は「足が不自由」で、他の単語より知名度が低いかもしれない。

15. MOVE は「動く」、STOP は「止まる」で反意語になっている。BONE は「骨」で、BOND（ボンド）は「接着剤」や「絆」、BEND は「曲げる」、SEND は「送る」である。SEED は「種」、STEM は「茎」で、SEEM は「見える」という意味だ。STEP は、「段階」の意味として、日本語でも「ファーストステップ」などで使われている。

16. ZERO（ゼロ）は「0」、UNIT（ユニット）は「単

位」で、ラテン語の「unus」（1）から来ている。HERO（ヒーロー）, LENS（レンズ）, SHOW（ショー）, KNOT（ノット）や KNIT（ニット）は全部カタカナ語でもある。HERS は It is HERS.（これは彼女のだ）の形でよく使われている。HENS は HEN（鶏）の複数形で、LENT や SENT は lend（貸す）や send（送る）の過去形だ。SNOW は「雪」で、KNOW は「知る」だということは、皆さんも知っていることと思う。

PERFECT SQUARE

上級編では、ヒントも英語にしてみよう。難しいかもしれないが、これを通して皆さんの語彙（vacabulary）も増えるはずだ。頑張って解いてほしい。

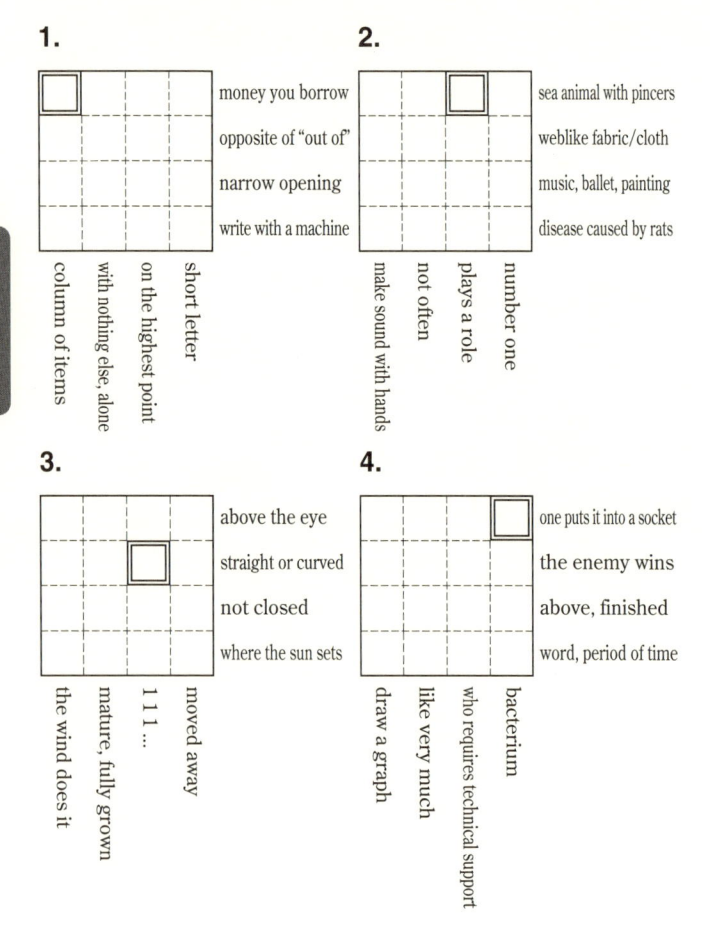

1.

Across:
- money you borrow
- opposite of "out of"
- narrow opening
- write with a machine

Down:
- column of items
- with nothing else, alone
- on the highest point
- short letter

2.

Across:
- sea animal with pincers
- weblike fabric/cloth
- music, ballet, painting
- disease caused by rats

Down:
- make sound with hands
- not often
- plays a role
- number one

3.

Across:
- above the eye
- straight or curved
- not closed
- where the sun sets

Down:
- the wind does it
- mature, fully grown
- 111 ...
- moved away

4.

Across:
- one puts it into a socket
- the enemy wins
- above, finished
- word, period of time

Down:
- draw a graph
- like very much
- who requires technical support
- bacterium

5.

Across:
- streetcar
- very big
- thought
- bird's house

Down:
- not thick
- not polite
- gets old
- beef, pork, lamb

6.

Across:
- invites guests
- at any time
- measure of change
- other

Down:
- at this place
- egg-shaped
- puts, places
- belongs to a forest

7.

Across:
- a sheet in a book
- metal
- guide
- takes food

Down:
- heap, stack
- region
- relative of sheep
- finishes

8.

Across:
- married woman
- sour
- not short
- part of the leg

Down:
- travel on foot
- small symbolic picture
- good
- border of an object

What is the word you get by arranging the letters in order from 1 to 8?

1	2	3	4	5	6	7	8

PERFECT SQUARE 203

SOLUTIONS（上級編）

[ASSOCIATION GAME（PROFESSION）]
1. doctor（医者）
2. housewife（主婦）
3. teacher（小中高校の先生）
4. professor（大学の先生）
5. taxi driver（タクシーの運転手）
6. stewardess（客室乗務員）
7. accountant（会計士）
8. sailor（船乗り）
9. mathematician（数学者）
10. juggler（ジャグラー）
11. lawyer（弁護士）
12. politician（政治家）
13. singer（歌手）
14. journalist（記者）
15. reporter（レポーター）

[MISSING LINK（ADVANCED）]
1. chocolate 2. cup 3. bean 4. room 5. ground
6. card 7. rail 8. table 9. car 10. chair

[ANAGRAM（ADVANCED）]
1. DEVIL（悪魔）
2. BIRTHDAY（誕生日）
3. TELEVISION（テレビ）
4. ELEPHANT（象）
5. EDUCATION（教育）

6. RESTAURANT（レストラン）
   7. NIGHTMARE（悪夢）
   8. PRIME MINISTER（総理大臣）
   9. ELEVATOR（エレベーター）
   10. ENTERPRISE（企業）

[3-CONNECT（ADVANCED）]
   1. MOM − MOW − SOW − SAW − SAD − DAD
   2. HIS − HIT − PIT − PET − PER − HER
   3. TWO − TOO − TON − SON（か TIN）− SIN − SIX か
   TWO − TOO − TOP − TIP − SIP − SIX
   4. WAS − HAS − HIS（か HAM）− HIM − AIM − ARM − ARE
   5. OLD − ODD − ADD − AID − AIM − ARM − ARE − AGE
   か − ADD − AND − ANT − ACT − ACE − AGE か
   − ADD − AND − ANT − ART − ARE − AGE
   6. WHO − WHY − SHY − SOY − SOW − HOW
   7. MAN − MAD − DAD − DID − AID − AIM − ARM − ARE − APE か − MAD − HAD − HAM − HIM − AIM −
   か MAN − MAT − HAT − HAM（か HIT）− HIM −
   か MAN − RAN − RUN − RUM − RIM − AIM −

[4-CONNECT（ADVANCED）]
   1. BANK − BAND − BALD（か BOND）− BOLD − GOLD
   2. COLD − CORD − CARD（か WORD）− WARD（か WORM）− WARM
   3. DIAL − DEAL − HEAL（か SEAL）− HELL（か SELL）− HALL（か CELL）− CALL
   4. BEEF − BEET − BEST − PEST − POST − PORT − PORK
   5. EASY − EASE（か EAST）− BASE（か CASE か CAST）− BARE（か CARE か CART）− HARE（か CARD）− HARD
   6. HIKE − LIKE（か BIKE）− LAKE（か BAKE）− LATE（か RAKE）− RATE

SOLUTIONS（上級編） 205

7. HEAD − BEAD (か HEAT) − BEAT − BOAT − BOOT − FOOT か HEAD − HELD − HOLD − FOLD − FOOD − FOOT
8. NICE − NINE − PINE − PINS − PANS − PADS − LADS − LADY か − RICE − RIPE − RIPS − LIPS − LAPS −
9. KILL − BILL − BELL − BELT − BEST − BUST − BUSY − BURY
10. FISH − FIST − FAST (か MIST) − PAST (か MUST か VAST) − PEST (か BUST か VEST) − BEST (か NEST) − BEAT (か NEAT) − MEAT

以下は回答の一例です

11. TYPE − TAPE − TALE − TALL − HALL − HELL − HEAL − HEAD − READ
12. FAST − PAST − PEST − BEST − BEAT − SEAT − SPAT − SPOT − SLOT − SLOW
13. GOLF − GOLD − COLD − CORD − CARD − CARS − CATS − CUTS − PUTS − PUTT
14. PLAY − SLAY − SLAP − SOAP − SOAK − SOCK − LOCK − LACK − LACE − LAME − GAME
15. MOVE − LOVE − LONE − BONE − BOND − BEND − SEND − SEED − SEEM − STEM − STEP − STOP
16. ZERO − HERO − HERS − HENS − LENS − LENT − SENT − SEAT − SPAT − SPOT − SHOT − SHOW − SNOW − KNOW − KNOT − KNIT − UNIT

[PERFECT SQUARE]

1.

L	O	A	N
I	N	T	O
S	L	O	T
T	Y	P	E

2.

C	R	A	B
L	A	C	E
A	R	T	S
P	E	S	T

3.

B	R	O	W
L	I	N	E
O	P	E	N
W	E	S	T

4.

P	L	U	**G**
L	O	S	E
O	V	E	R
T	E	R	M

5.

T	R	A	M
H	**U**	G	E
I	D	E	A
N	E	S	T

6.

H	O	S	T
E	V	E	R
R	**A**	T	E
E	L	S	E

7.

P	A	**G**	E
I	R	O	N
L	E	A	D
E	A	T	S

8.

W	I	F	E
A	C	I	D
L	O	N	G
K	N	E	**E**

1	2	3	4	5	6	7	8
L	A	N	G	U	A	G	E

(ガーナにて)

付 録

3文字英単語 (250語)

A

ace	一・優秀選手
act	行為／演じる
add	加える
age	年齢
ago	以前に
aid	助ける／援助
aim	ねらい・目的・目標／ねらう・目指す
air	空気
ale	エール (ビールの類)
all	全ての／全て
and	～と
ant	蟻
any	何か・誰か
are	～である
arm	腕
art	芸術
ask	尋ねる
ate	eat の過去形

B

bad	悪い
bag	鞄
bar	棒・障害・バー／閉ざす・妨げる・禁ずる／～を除いて
bat	バット・こうもり
bay	湾
bed	寝床
bee	蜜蜂
beg	乞う
bet	賭ける
big	大きい
bit	少量・ビット／bite の過去・過去分詞
bow	おじぎをする／弓
box	箱
boy	少年
bug	虫
bus	バス
but	しかし
buy	買う
bye	さようなら

C

cab	タクシー
can	～できる／缶詰
cap	前だけひさしのある帽子・ふた
car	車
cat	猫
cop	警官
cow	雌牛／脅す

cry	泣く・叫ぶ	few	少数の
cue	キュー／キューを出す	fit	合う・適する ／発作／調子がよい
cup	茶碗		
cut	切る	fix	取り付ける・固定する

D

dad	パパ
dam	堰・ダム／せきとめる
day	昼・日
did	do・does の過去形
die	死ぬ
dig	掘る
dog	犬
dot	点
dry	乾いた／乾かす
due	当然な・〜に原因して／会費
duo	一組・二人組みの歌手

E

ear	耳
eat	食べる
egg	卵
ego	自我・うぬぼれ
end	終わり／終わる
eve	祭りの前夜・夕方
eye	目

F

fan	団扇・ファン
far	遠くに
fat	太った／脂肪
fax	ファクシミリ
fee	料金

flu	インフルエンザ
fly	空を飛ぶ・飛ばす／蝿
fog	霧・もや
for	〜に向かって・〜のために
fox	狐
fry	油で揚げる／揚げ物
fun	戯れ・楽しみ

G

gag	駄洒落／駄洒落を言う
gas	ガス
gay	陽気な・派手な／同性愛者
gem	宝石
get	得る
gin	ジン
god	神
got	get の過去・過去分詞
gum	ゴム・ガム
gun	銃
guy	〜な男

H

had	have・has の過去・過去分詞
ham	ハム
has	have の三人称単数現在形
hat	帽子
hen	雌鶏
her	彼女の・彼女を

him	彼を	let	～させる・貸す
hip	お尻／明るい・物知りの	lie	横たわる／　嘘
his	彼の	lip	唇
hit	打つ／打撃	lit	lightの過去・過去分詞
hot	暑い・熱い	lot	運・多数・くじ・一山
how	どうして・どれだけ	low	低い
hug	抱きしめる／抱擁		

I

ice	氷／凍らす
icy	氷のような
ill	病気の・悪い／病気
its	その

J

jam	ジャム／押し込む・詰め込む
jet	噴出・ジェット機／噴出する
job	仕事
jog	軽く動かす・ゆっくり走る
joy	喜び
jug	水差し・ジョッキ

K

key	鍵
kid	子供・子ヤギ／からかう・だます
kit	道具一式

L

law	法律
lay	横たえる
led	leadの過去・過去分詞
leg	脚

M

mad	気の狂った
man	人・男
map	地図
mat	むしろ・敷物・台紙／敷物を敷く
may	～してもよい・～かもしれない
men	manの複数形
met	meetの過去・過去分詞
mix	混ざる・混ぜる
mom	ママ
mow	刈る
mud	泥

N

net	網／正味の
new	新しい
nor	また～でもない
not	～でない
now	今は・現在は／今
nun	尼
nut	木の実・留めネジ

O

oak	オーク(落葉樹)
oat	オート麦

odd	妙な・奇数の	raw	生の
off	離れて・去って／〜から離れて	ray	光線
		red	赤い／赤
oil	油・石油	rib	肋骨
old	古い・〜歳の	rid	取り除く
one	一／一の	rim	縁
our	私たちの	rip	裂く・破れる
out	外に	rob	奪う
owe	負う	rot	腐らせる・だめになる／腐敗
owl	ふくろう		
own	自分自身の／所有する	row	漕ぐ／列・並び

P

pad	当てもの・詰め物
pan	平たい鍋
pay	払う／支払い
pea	えんどう豆
pen	ペン
per	〜につき・〜によって
pet	ペット
pie	パイ
pig	豚
pin	ピン／ピンで刺す
pit	穴・くぼみ／穴をあける
pop	はじける・はじけさせる／大衆向きの
pot	壺・瓶
pub	パブ・酒場
put	置く

R

ran	run の過去形
rat	鼠

(continued)

rub	こする・摩擦する・磨く／摩擦
rug	敷物
rum	ラム酒
run	走る
rye	ライ麦

S

sad	悲しい
sat	sit の過去・過去分詞
saw	see の過去形／のこぎり
sax	サックス
say	言う
sea	海
see	見る・会う・わかる
set	置く・決める・沈む／一組
sew	縫う
sex	性
she	彼女は・彼女が
shy	内気な／素早く投げる
sin	罪・罪悪／罪を犯す

sip	ちびちび飲む／一口	try	試みる／試み・トライ
sir	貴方・先生・〜卿	tub	桶・たらい
sit	座る	two	二／二の

U

use	使う・費やす／使用

V

van	バン

W

six	六／六の	war	戦争／戦う
ski	スキー／スキーをする	was	am・is の過去形
sky	空	wax	ワックス／満ちる
son	息子	way	道・方法
sow	種を蒔く／雌豚	web	クモの巣・網・織物
soy	大豆	wet	濡れた／濡らす
spy	スパイ	who	誰が
sue	告訴する	why	なぜ／理由
sum	合計・金額／合計する	win	勝つ・獲得する
sun	太陽	won	win の過去・過去分詞／ウォン

T

Y

tag	下げ札・荷札・鬼ごっこ	yen	円・切望／切望する
tax	税／課税する	yes	はい・ええ
tea	お茶	yet	まだ・すでに・さらに／しかしながら
ten	十／十の		
the	その・この・あの	you	あなたが・あなたに
tie	結ぶ・繋ぐ・同点にする／結び目・ネクタイ・同点		

Z

zoo	動物園

tin	スズ・ブリキ
tip	先・頂点・チップ／傾ける・ひっくり返る
toe	足の指・靴の先
ton	トン
too	〜もまた・あまりに・大変
top	頂上・最高位・独楽
tow	引き綱で引く／綱で引くこと
toy	おもちゃ

4文字英単語 (1025語)

A
able
aces
acid
acre
acts
adds
aged
ages
aide
aids
aims
airs
akin
ales
ally
aloe
also
alto
amen
amid
anew
ants
apes
apex
arch
arcs
area
arid
arms
army
arts
asks
atom
atop
aunt
away
axes

B
babe
baby
back
bade
bags
bail
bake
bald
ball
balm
band
bang
bank
bans
bare
bark
bars
base
bask
bass
bath
bats
bead
beam
bean
bear
beat
beds
beef
been
beer
bees
beet
begs
bell
belt
bend
bent
best
bets
bias
bids
bike
bill
bind
bird
bite
bits
blew
blow
blue
boat
body
boil
bold
bolt
bomb
bond
bone
bony
book
boot
bore
born
boss
both
bows
boys
brag
bran
brew
brow
bugs
bull
bump
buns
burn
bury
bush
bust
busy

buys	club	dads	dogs
byte	clue	damn	doll
C	coal	dams	done
cabs	coat	dare	doom
cake	cock	dark	door
calf	code	dash	dose
call	coin	data	dots
calm	coke	date	down
came	cola	dawn	drag
camp	cold	days	draw
cane	comb	dead	drew
cans	come	deaf	drip
cape	cone	deal	drop
caps	cook	dean	drug
card	cool	dear	drum
care	cope	debt	duck
carp	cops	deed	dues
cars	copy	deep	dull
cart	cord	deer	duly
case	core	dent	dumb
cash	cork	desk	dump
cast	corn	dial	dunk
cats	cost	dice	dusk
cave	cows	died	dust
cell	crab	dies	duty
cent	crew	diet	dyed
chat	crop	digs	dyes
chef	crow	dime	**E**
chew	cube	dine	each
chip	cups	dirt	earn
city	curd	dish	ears
clam	cure	disk	ease
clap	cute	dive	east
claw	cuts	dock	easy
clay	**D**	does	eats

216　頭の良くなる英語

edge
eels
eggs
else
ends
errs
etch
even
ever
evil
eyed
eyes

F

face
fact
fail
fair
fake
fall
fame
fans
fare
farm
fast
fate
fats
fear
feed
feel
fees
feet
fell
felt
file
fill

film
find
fine
fire
firm
fish
fist
fits
five
flag
flap
flat
flaw
flea
fled
flee
flew
flip
flog
flop
flow
fold
fond
font
food
fool
foot
fork
form
fort
foul
four
free
fret
frog

from
fuel
full
fund
fury
fuse

G

gain
gals
game
gate
gave
gays
gear
gems
germ
gets
gift
girl
give
glad
glee
glow
glue
goal
goat
gods
goes
gold
golf
gone
good
grab
gray
grew

grip
grow
gulf
gums
guns
guys

H

hack
hail
hair
half
hall
hand
hang
hard
hare
harm
hate
hats
have
hawk
haze
head
heal
hear
heat
heel
held
hell
help
hens
herb
here
hero
hers

hide	item	lace	lies
high	**J**	lack	life
hike	jack	lads	lift
hill	jail	lady	like
hint	jams	lags	lily
hips	jars	laid	limb
hiss	jaws	lain	lime
hits	jazz	lake	line
hold	jets	lamb	link
hole	jobs	lame	lion
holy	jogs	lamp	lips
home	join	land	list
hope	joke	lane	live
horn	joys	laps	load
hose	jugs	lard	loaf
host	jump	lark	loan
hour	junk	last	lock
huge	just	late	loft
hugs	**K**	lawn	logs
hung	keen	laws	lone
hunt	keep	lays	long
hurt	kept	lazy	look
huts	keys	lead	loom
I	kids	leaf	loop
iced	kill	leak	lord
icon	kind	lean	lose
idea	king	leap	loss
idol	kiss	left	lost
ills	kits	lend	lots
inch	knee	lens	love
into	knew	lent	lows
ions	knit	less	luck
iron	knot	lets	**M**
isle	know	liar	made
itch	**L**	lied	maid

mail	mood	nude	pads
main	moon	numb	page
make	mops	nuns	paid
male	more	nuts	pain
mall	moss	**O**	pair
mane	most	oaks	pale
many	move	oars	palm
maps	mown	oath	pans
mark	mows	oats	pant
mart	much	obey	park
mask	mugs	oboe	part
mass	mule	odds	pass
math	must	odor	past
mats	mute	oils	path
maze	myth	oily	pawn
meal	**N**	okay	pays
mean	nail	once	pear
meat	name	ones	peas
meet	naps	only	peel
mend	navy	onto	peep
menu	near	open	pens
mess	neat	oral	perm
mice	neck	ours	pest
mild	need	outs	pets
mile	nest	oval	pick
milk	nets	oven	pier
mill	news	over	pies
mime	next	owed	pigs
mind	nice	owes	pike
mine	nine	owls	pile
mint	none	owns	pill
miss	noon	**P**	pine
mist	nose	pace	pink
mock	note	pack	pins
moms	noun	pact	pint

4文字英単語

piss	puts	road	save
pits	putt	robs	sawn
pity	**R**	rock	saws
plan	race	rode	says
play	rack	rods	scan
plea	rage	role	scar
plot	raid	roll	seal
plug	rail	roof	seam
plum	rain	rook	seas
plus	rake	room	seat
poem	rang	root	seed
poet	rank	rope	seek
poke	rape	rose	seem
pole	rare	rots	seen
poll	rate	rows	sees
pond	rats	rubs	self
pony	rays	ruby	sell
pool	read	rude	send
poor	real	rugs	sent
pork	rear	ruin	sets
port	reel	rule	sewn
pose	rent	runs	sews
post	rest	rush	sexy
pots	ribs	rust	shin
pour	rice	**S**	ship
pray	rich	safe	shoe
prey	ride	said	shop
pubs	rids	sail	shot
puck	ring	sake	show
puff	rink	sale	sick
pull	riot	salt	side
pump	ripe	same	sigh
punk	rips	sand	sign
pure	rise	sane	silk
push	risk	sang	sing

sink	soup	tank	told
sins	sour	tape	toll
sips	sown	taps	tomb
site	sows	task	tone
sits	span	team	tons
size	spat	tear	took
skin	spin	teas	tool
skip	spit	tech	tops
skis	spot	teen	tore
slap	star	tees	torn
slay	stay	tell	toss
sled	stem	tend	tour
slim	step	tens	town
slip	stew	tent	tows
slot	stir	term	toys
slow	stop	test	tram
slum	such	text	trap
snow	suck	than	tray
soak	sued	that	tree
soap	sues	them	trim
soar	suit	then	trip
sock	sums	they	trot
soda	sure	thin	true
sofa	surf	this	tube
soft	swam	thus	tubs
soil	swan	tide	tuna
sold	swim	tidy	tune
solo	**T**	tied	turn
some	tags	ties	tusk
song	tail	tile	twin
sons	take	time	twos
soon	tale	tiny	type
sore	talk	tips	**U**
sort	tall	tire	ugly
soul	tame	toes	unit

4文字英単語　221

unix
unto
upon
used
user
uses

V

vain
vans
vary
vase
vast
veal
verb
very
vest
veto
view
vote

W

wage
wait
wake
walk
wall
want
ward
ware
warm
warn
wars
wash
wasp
watt
wave

ways
weak
wear
weed
week
weep
well
went
wept
were
west
wets
what
when
whim
whip
whom
wide
wife
wild
will
wind
wine
wing
wins
wipe
wire
wise
wish
with
wits
woke
wolf
womb
wood

wool
word
wore
work
worm
worn

Y

yard
yeah
year
yell
your

Z

zeal
zero
zest
zone
zoos

● 著者略歴

ピーター・フランクル

- 1953年ハンガリーで生まれる。71年国際数学オリンピックで金メダル獲得。77年オトヴォス大学大学院修了。博士号取得。79年フランスに亡命。88年以降日本に在住。
- 数学者。早稲田大学理工学部教授。12カ国語を話し、ジャグラーとしても世界的に知られる。
- 【著書】「数学放浪記」「ピーター流外国語習得術（岩波新書）」「日本人のための英語術（岩波新書）」など多数。

編集協力　　（株）学際
DTP　　　　石川敬子

頭の良くなる英語

2002年2月15日　第1刷発行
2018年1月10日　第12刷発行

著　者　　ピーター・フランクル

発行者　　株式会社 三省堂
　　　　　代表者 北口克彦

発行所　　株式会社 三省堂
　　　　　101-8371 東京都千代田区神田三崎町二丁目22番14号
　　　　　電話　　03(3230)9411（編集）
　　　　　　　　　03(3230)9412（営業）

　　　　　http://www.sanseido.co.jp

（頭の良くなる英語・224 pp）　© P. Frankl 2002　Printed in Japan

ISBN 978-4-385-36082-9
落丁・乱丁本はお取り替えします。

> 本書を無断で複写複製することは、著作権法上の例外を除き、禁じられています。また、本書を請負業者等の第三者に依頼してスキャン等によってデジタル化することは、たとえ個人や家庭内での利用であっても一切認められておりません。